MEMÓRIAS DO ESQUECIMENTO

Flávio Tavares

MEMÓRIAS DO ESQUECIMENTO

3ª EDIÇÃO

L&PM EDITORES

Texto de acordo com a nova ortografia.
Também disponível na Coleção L&PM POCKET

Capa: Ivan Pinheiro Machado. *Foto de capa*: Foto oficial da FAB, 6 de setembro de 1969: os presos políticos trocados pelo embaixador dos Estados Unidos. Em pé da esquerda para a direita: Luís Travassos, José Dirceu de Oliveira, José Ibraim, Onofre Pinto, Ricardo Villasboas Sá Rego, Maria Augusta Carneiro, Ricardo Zarattini, Rolando Fratti. Agachados: João Leonardo da Silva Rocha, Agonalto Pacheco da Silva, Vladimir Palmeira, Ivens Marchetti do Monte Lima e Flávio Tavares. Gregório Bezerra e Mário Roberto Zanconato não aparecem na imagem, pois foram embarcados após a foto.
Revisão: Simone Diefenbach

CIP-Brasil. Catalogação na publicação
Sindicato Nacional dos Editores de Livros, RJ

T23m
3. ed.

Tavares, Flávio, 1934-
    Memórias do esquecimento / Flávio Tavares. – 3. ed. – Porto Alegre [RS]: L&PM, 2022.
    240 p. ; 21 cm.

    Apêndice
    ISBN 978-65-5666-227-5

    1. Tavares, Flávio, 1934-. 2. Jornalistas - Brasil - Biografia. 3. Brasil - Política e governo - 1964-1985. I. Título.

21-74013   CDD: 920.5
                            CDU: 929:070.422

Meri Gleice Rodrigues de Souza - Bibliotecária - CRB-7/6439

© Flávio Tavares, 2012

Todos os direitos desta edição reservados a L&PM Editores
Rua Comendador Coruja, 326 – Floresta – 90.220-180
Porto Alegre – RS – Brasil / Fone: 51.3225-5777

PEDIDOS & DEPTO. COMERCIAL: vendas@lpm.com.br
FALE CONOSCO: info@lpm.com.br
www.lpm.com.br

Impresso no Brasil
Verão de 2022

Prefácio à Nova Edição

Publicadas originalmente no final de 1999, no 30º aniversário do sequestro do embaixador dos Estados Unidos (eixo da narração e seu ponto de partida e chegada), estas *Memórias do esquecimento* reaparecem revisadas neste 2022, quando mencionar os tempos da ditadura militar já não espanta nem atemoriza.

Sem nada podar das antigas edições, alguns episódios adquirem novo olhar e relevância. Tento, assim, delinear com mais clareza os escuros corredores de uma época em que tudo foi sombrio ou tortuoso na repressão da ditadura e na própria luta armada para nos livrar da ditadura.

O horror, tal qual a dor, é intransferível. Perdoai-me se a rudeza faz lacrimejar ou escandaliza: nada foi obra minha. Sou apenas o narrador contando o que sentiu ou viveu. Por ser um sobrevivente, retive também as ironias capazes de fazer rir em meio à sordidez dos porões da ditadura ou em nossa solitária resistência à própria ditadura.

Este é um relato de experiências e sensações pessoais, mas – ao não haver nele um olhar individual – tentei torná-lo documento vivo a retratar anos de ferro, brasa e cinza.

Sumário

PRIMEIRA PARTE

Introdução 11
Capítulo I – O exílio no sonho 13
Capítulo II – O sequestro 16
Capítulo III – Os mendigos 27
Capítulo IV – Esplendor e queda 41
Capítulo V – Os esquizofrênicos 52
Capítulo VI – Os dois exércitos 65
Capítulo VII – Descalço no banquete 76
Capítulo VIII – Com a morte na pele 85
Capítulo IX – O compadre com fuzil 91
Capítulo X – No ventre da baleia 102
Capítulo XI – A chegada 112

SEGUNDA PARTE

Capítulo I – A bofetada 123
Capítulo II – O cheiro no ar 132
Capítulo III – A reação moral 139
Capítulo IV – Os conspiradores 147
Capítulo V – A guerrilha 158
Capítulo VI – O intervalo 168
Capítulo VII – O "Doutor Falcão" 171
Capítulo VIII – O atentado 183
Capítulo IX – Réquiem para três 187
Capítulo X – As videntes 193
Capítulo XI – Morrer em terra alheia 200
Capítulo XII – De tudo o que passou 215

EPÍLOGO – O começo no fim 219

ANEXO 1 – Poemas do cárcere 221

ANEXO 2 – Fotos 227

*O passado não é aquilo que passa,
é aquilo que fica do que passou.*
Alceu Amoroso Lima
(Tristão de Athayde)

*A Rubens Paiva, e a todos os que,
como ele, já não estão entre nós.*

PRIMEIRA PARTE

Introdução

*Não hás de ver, Marília,
o medo escrito,
o medo perturbado
que infunde o vil delito.*

Tomás Antônio Gonzaga,
poeta e "inconfidente" mineiro,
preso, torturado e condenado
ao degredo na África.

Primeiras visões

Os beijos que te dou tu não sabes de onde vêm. São teus, do teu corpo e da tua alma, do mais profundo de ti, sim, mas vêm daquele meu ego morto que só contigo renasceu. Pouco me ri e muito mais sofri neste tempo todo. São 30 anos que esperei para escrever e contar. Lutei com a necessidade de dizer e a absoluta impossibilidade de escrever. A cada dia, adiei o que iria escrever ontem. A ideia vinha à memória, mas, logo, logo, se esvaía naquele cansaço imenso que me fazia deixar tudo para amanhã e jamais recomeçar. Tornei-me um esquizofrênico da memória ou de mim mesmo: o que queria e desejava agora me impacientava em seguida e me cansava e aborrecia logo adiante.

Tendo tudo para contar, sempre quis esquecer. Por que lembrar o major torturador, os interrogatórios dias e noites adentro? Por que trazer de volta aquele sabor metálico do choque elétrico na gengiva, que me ficou na boca meses a fio? Por que lembrar a prisão em Brasília ou no Rio de Janeiro ou nos quartéis de Juiz de Fora? Para que recordar aquelas reuniões clandestinas, intermináveis, em que debatíamos na ansiedade e nos aproximávamos uns aos outros como irmãos que brigam, se irritam e se odeiam na fraternidade do perigo? Para que recordar a pressa urgente das ações armadas, em que a audácia e a rapidez eram nossa única arma imbatível para compensar a improvisação e a inferioridade numérica e tecnológica? Para que pensar na nossa entrega e aventureirismo? Para que lembrar a brutalidade da ditadura – agora velha e carcomida – se, na época, nós mesmos só fomos admitir e comprovar que era brutal, e absolutamente boçal, na dor do choque elétrico nos perfurando o corpo?

Para que recordar o sequestro do embaixador dos Estados Unidos, que nos libertou da prisão ou da morte, se a partir daí – nesse triunfo concreto e frágil – a violência da ditadura se acelerou e o país inteiro terminou aprisionado na imundície açucarada do seu ventre? Para que recordar o México do exílio – que significou a libertação e a liberdade – se de lá eu saí e fui viver o horror da Argentina dos anos 70, logo outra vez a prisão no Uruguai, com requintes de uma crueldade que nem sequer conheci no quartel da Rua Barão de Mesquita, no Rio, na própria pele ou nos gritos daquelas duas mulheres torturadas, que se expandiam na madrugada, como se o inferno falasse?

Agora, quando roço a tua pele e no silêncio te sinto estremecer, me pergunto para que evocar o exílio, aqueles longos dez anos em que fomos os "banidos", algo extravagante que nos obrigava a vagar pelo mundo sem jamais poder voltar à pátria e ouvir teus sussurros ou descobrir teus olhos verde-azuis ao sol do lugar onde nasci.

Eu me lembro tanto de tanto ou de tudo que, talvez por isso, tentei esquecer. Quando te amo, este amor enfurecido de beijos e abraços ocupa todo o espaço da memória e, só então, vivo tranquilo e em paz. Sim, minha amada, o que os meus olhos viram às vezes tenho vontade de cegar.

Esquecer? Impossível, pois o que eu vi caiu também sobre mim, e o corpo ou a alma sofridos não podem evitar que a mente esqueça ou que a mente lembre. Sou um demente escravo da mente.

Rima? Rima, sim, e até pode ser uma rima, mas não é uma solução. A única solução é não esquecer.

E por não esquecer te conto, minha amada. Como um grito te conto. Ouve e lê.

CAPÍTULO I
O EXÍLIO NO SONHO

*Quando secar o rio da minha infância,
secará toda dor.*

Frei Tito de Alencar Lima

1

Ao longo dos meus dez anos de exílio, um sonho acompanhou-me de tempos em tempos, intermitente. Repetia-se sempre igual, com pequenas variantes. Meu sexo me saía do corpo, caía-me nas mãos como um parafuso solto. E, como um parafuso de carne vermelha, eu voltava a parafusá-lo, encaixando-o entre minhas pernas, um palmo abaixo do umbigo, no seu lugar de sempre. Sonhei no México, em 1969, com meu pênis saindo-me pelas mãos, seguro na palma esquerda, com os dedos da mão direita buscando sentir, aflitos, se ele ainda pulsava, se o sangue nele corria, se meu sexo ainda vivia. Na Argentina, o único país de exílio que eu escolhi voluntariamente, houve momentos em que o pesadelo apagou-se. No topo das ameaças e do terror político dos anos 70, voltou a aparecer.

Mais terrível que o pesadelo era o levantar-se com ele, na dúvida, naquelas frações de segundo entreabertas entre a noite e o amanhecer, sem saber se fora apenas sonho mesmo ou o despertar de uma realidade cloroformizada pela vida. Meu sexo saía do lugar sem mais nada, como uma espécie de folha caída. Só isso. Mas a angústia disso foi uma dor que me perseguiu quase constantemente pouco depois que, no México – ao final dos meus primeiros 45 dias de liberdade –, começaram a desaparecer os anéis escuros, de um tênue marrom filigranado, com que meu pênis tinha sido marcado pelos choques elétricos no quartel-prisão no Rio de Janeiro, em agosto de 1969. Pouco a pouco, o sonho repetido fez que eu sonhasse também que já havia me habituado com o pesadelo e que até confiava nele. Sonhava, então, com a solução do sonho da noite anterior, com minha capacidade de novamente parafusar e encaixar meu sexo, e me esvaía em ansiedade.

Algumas vezes eu o ajustava apertando a carne nos lados, como terra fofa ao redor de uma planta num vaso úmido. Sentia o peito oprimido e paralisado. A respiração subia ou descia à medida que meus olhos, fechados no sono do sonho, nele identificavam uma cor vermelho-encarnada, significando que meu sexo vivia e podia voltar ao seu lugar.

Os sonhos têm um subsonho, subliminar, que não aparece, mas que também se sonha, e que em mim era um pesadelo escondido: se meu pênis chegasse a ter uma cor roxa, um lilás forte, estaria necrosado e eu, definitivamente, castrado. O roxo-violeta nunca apareceu e continuei sendo, nesses anos, o cirurgião plástico de mim mesmo, com intervalos maiores ou menores, de acordo com a aflição do dia ou o cansaço quotidiano. Assim sonhei pesadelos por cantos diferentes da América Latina e da Europa. Pelo meu exílio.

2

Tudo se fazia em silêncio. Nenhum grito meu, nenhum balbuciar de sonâmbulo. Só muita angústia. Meu sonho repetiria no silêncio a balbúrdia, os gritos e o alarido daqueles dias no quartel do Exército da Rua Barão de Mesquita, no Rio?

Na manivela da máquina de choque elétrico, o major F. girava forte e esbugalhava os olhos, à espera do meu grito. E eu não conseguia gritar. A respiração se cortava, travando a língua. Só uns segundos depois, com a manivela rodando, os fios enrolados nos meus dedos ou nas orelhas, sentia meus gritos, mas quase só eu mesmo me ouvia.

Gritava como quem se afoga no seco, em uivos curtos, cortados pelo uivo seguinte. Na madrugada, o sargento Thimóteo enrolou-me os fios no pênis. Girou girou girou girou a manivela. Eu uivei e caí no chão. Não tive a sensação de que o meu sexo se queimava ou se despedaçava. Era como se o amputassem sem bisturi e sem anestesia. Talvez num puxão.

Horas depois, numa pausa do choque elétrico, toquei-me as cuecas para ter certeza de que tudo em mim continuava intacto e no lugar de sempre.

3

Na Cidade do México, em Buenos Aires ou em Lisboa, meus pontos fixos de exílio, o sonho perseguiu-me intermitentemente até novembro de 1979, quando pude voltar ao Brasil. Antes, no entanto, durante quase sete meses corridos, o pesadelo desapareceu. Não me lembro de ter sonhado nesse período. Olhos vendados e mãos algemadas dia e noite, estive sequestrado pelo Exército uruguaio em Montevidéu, a partir de julho de 1977, e a proximidade da morte venceu o pesadelo. Eu voltava a ser um prisioneiro que devia habituar-se a não ser nada, a não ver nem mover as mãos e cuja única atividade era ser torturado e ameaçado. Ou ser interrogado num ritmo ofegante, sem pausas, a tudo tendo de responder, contando verdades ou inventando, simulando ou testemunhando. Paradoxo de si próprio, o pesadelo só aparecia em vida e em liberdade. Nesse tempo de quase morte de sequestrado no estrangeiro, o pesadelo adormeceu.

Em fins de janeiro de 1978, finalmente libertado no Uruguai, recuperei em Portugal a sensação de dispor de mim e da minha vida como um cidadão livre. E pouco a pouco o sonho-pesadelo voltou. Atenuado, mas voltou. E só se apagou com o retorno ao Brasil.

Tudo isso talvez me explique, hoje, essas noites aflitas ao longo de muitos anos, em que o mais duro e terrível não era sonhar a maldade, mas despertar-me imóvel, sem saber ao certo se tudo aquilo fora verdade e tinha mesmo acontecido ou era, apenas, uma nuvem no sono.

A nuvem começou a nascer naquele setembro de 1969 em que nos tiraram da prisão, no Rio de Janeiro, nos puseram num avião da Força Aérea Brasileira e nos levaram à liberdade. Ao exílio.

CAPÍTULO II
O SEQUESTRO

*A ânsia do ilegal unido ao feroz,
a ânsia das coisas absolutamente cruéis e abomináveis.*

Fernando Pessoa

RIO DE JANEIRO, 4 DE SETEMBRO DE 1969: O EMBAIXADOR DOS ESTADOS UNIDOS É SEQUESTRADO POR UM GRUPO ARMADO REVOLUCIONÁRIO QUE, EM TROCA, EXIGE DO GOVERNO DITATORIAL "A LIBERTAÇÃO DE 15 PRESOS POLÍTICOS, A SEREM ENVIADOS AO EXÍLIO NO MÉXICO, CHILE OU ARGÉLIA".

1

No avião militar que nos conduz ao México, sinto frio. Visto apenas uma camisa em cima de outra camisa, uma calça de verão e, se me mexo, os sapatos, sem cordão e sem meias, me saem dos pés. (Do preso, tira-se sempre o cordão dos sapatos, para que "não se enforque".) E é com o próprio pé que tenho de voltar a calçá-los: minhas mãos estão algemadas e podem fazer apenas um semicírculo sobre o colo. Estou ainda amarrado pela cintura por uma corda grossa com um imenso nó que dá duas voltas e praticamente me imobiliza, me "prega" sobre os assentos de lona, longitudinais, que vão de ponta a ponta, em cada um dos lados da fuselagem do enorme Hércules, um avião para transporte de tanques e tropas, em que nos levam agora para uma viagem que entendemos sem entender e que queremos sem querer.

Não é, porém, o frio que me aterroriza. Estou sentado junto à porta, na ponta deste comprido banco de lona, e de tempos em tempos me encosto na grossa japona de lã do meu companheiro de viagem Ivens Marchetti do Monte Lima e me aqueço por alguns instantes. Não podemos conversar e uns 20 soldados da FAB, atentos e com as mãos à cintura, nos vigiam no largo corredor para fazer cumprir a ordem do comandante da aeronave, dada ainda antes da decolagem: "Fica proibido falar entre si. Quem precisar ir ao banheiro deve pedir ao guarda". O que me atemoriza é a soma de tudo o que passou, vertiginosamente, nesses dias de prisão e não só o que acontece agora, neste exato instante em que o avião já decolou e ouço uma voz ao meu ouvido, num sussurro ameaçador:

– Daqui a pouco, abro essa porta e te jogo lá pra baixo e você cai em parafuso...

Sou o primeiro da fila de prisioneiros sentados de costas para as janelinhas do avião, ao longo da fuselagem, e só eu ouço a ameaça. Um calafrio me eriça a pele. Sinto medo, mas, imediatamente, a fantasia suplanta o temor e eu faço que não escuto. Olho para a frente, para o largo corredor deserto, e diviso os assentos vazios no lado direito do avião, à minha frente, e penso no meu banco que ficará vazio quando me atirarem pela porta. Mas eu já conheço esse truque: irão fazer comigo – penso – o que fizeram com o Víctor no dia em que eu fui preso e ele foi levado num helicóptero da Marinha. Sobrevoaram toda a costa de Angra dos Reis para que ele apontasse onde era o acampamento do nosso grupo e, já de entrada, abriram a porta do helicóptero e o empurraram no ar. Com a perna esquerda amarrada ao aparelho por uma corda, ele balançou na vertical como um pêndulo, durante minutos. O helicóptero voava lento, logo parava e se mexia de um lado a outro, de alto a baixo, e então o prisioneiro voava em círculos, como aqueles trapezistas voadores dos circos. Depois, ele foi içado a bordo, tonto e desnorteado, sem saber direito o que queriam dele, se esquartejá-lo vivo nas nuvens ou apenas mostrar que também se tortura no ar. Devolvido pela Marinha ao Exército, ele ficou imóvel três dias, deitado de bruços e só de tanga – sem qualquer movimento a não ser um leve piscar de olhos – no chão de cimento do calabouço, ao lado da minha cela, no quartel da Rua Barão de Mesquita, no Rio.

Se nisso consistia a ameaça, eu já sabia desse truque. Penso isso rapidamente, me relaxo no banco de lona como se me preparasse para essa tenebrosa prova do circo do "homem voador" e olho de soslaio o autor da ameaça. Moreno, com uma incipiente calvície, é o único do grupo militar acotovelado no meio do avião que não tem insígnia ou galão. Em verdade, não veste uniforme como os sargentos, cabos e soldados, mas um desajeitado macacão azul, farda de voo da Aeronáutica. O macacão fica-lhe imenso e, continuamente, ele arregaça as mangas para apalpar o relógio dourado no pulso esquerdo. Tem a pose e os trejeitos de um oficial. Ao vê-lo assim, percebo que o macacão não é dele e que ele não é um oficial da Aeronáutica, mas sim do Exército ou da Marinha, sem nenhuma função técnica no voo e que ali está como um inspetor do governo ditatorial ou do Serviço Nacional de Informações (SNI), talvez até para testemunhar que o avião chegue ao destino, o México, sem qualquer problema. Como ele já não me olha nem dá ordens ou sequer fala com a soldadesca esparramada pelo avião, e parece entediado e distante da própria missão, convenço-me que a ameaça foi apenas uma sádica bravata, uma improvisada tortura psicológica.

E já não olho os assentos vazios.

2

Tudo o que tinha sucedido nestes últimos 30 dias me deixava sobressaltado e agora, neste voo inesperado, pela primeira vez eu podia pensar e raciocinar. E, ao recordar, sorri. Tudo tinha mudado, vertiginosamente. Eu fora preso na manhã de 6 de agosto de 1969, num edifício ao lado de onde eu morava na Rua Paisandu, no Rio. No dia anterior, quando duas radiopatrulhas nos perseguiam na Avenida Brasil, a pontaria do Víctor foi precisa e certeira. Eu dirigia um lento Fusca, que dava cobertura a dois carros em que seguiam os seis outros integrantes de um grupo armado, após uma operação de guerrilha urbana no subúrbio de Irajá, e vi, primeiro pelo retrovisor e, logo, ao meu lado, à esquerda, os fuzis dos policiais nos apontando e disparando, sem nos acertar. Automaticamente, caí sobre o volante e, da janela do motorista, apoiado em minhas costas, Víctor revidou disparando a pistola 45 mm sobre os para-brisas. As viaturas da polícia se espatifaram na mureta da avenida, e eu acelerei o carro em direção ao centro, sem saber que ia ao encontro da maior operação policial-militar montada até então no Rio. Quanto mais eu acelerava, mais o Fusca se grudava no asfalto, até que eu percebi que os fuzis policiais tinham furado um pneu. Estacionei no acostamento e vi adiante, a uns 150 metros, uma barreira que trancava a avenida e helicópteros avançando em reconhecimento aéreo.

Víctor tomou a velha metralhadora Ina que me acompanhava desde 1965 em Brasília e desceu correndo do carro com uma nervosa exclamação: "Vou liquidar estes merdas todos". Dos veteranos da guerrilha, ele era o mais experiente, o mais bem preparado militarmente, o mais próximo a mim. Ex-marinheiro – seu nome real é José Duarte dos Santos –, expulso da Armada após o golpe direitista de 1964, fizera depois treinamento guerrilheiro em Cuba e lá participara, inclusive, de operações na serra de Escambray contra um grupo anticastrista armado pela CIA norte-americana. Tinha currículo e grau de "comandante" e estávamos juntos desde 1965, quando Leonel Brizola me chamou ao seu exílio no Uruguai e, numa noite fria, na praia de Atlântida, me apresentou dois moços recém-chegados "da ilha". Antes que entrassem na sala, Brizola – confiante e eletrizado – os descreveu:

– O treinamento é tão completo que eles já viraram bicho e podem ficar dias e dias, como macacos em cima de uma árvore, escondidos, sem comer ou só comendo folhas.

Um deles era Víctor e, dias depois, eu o recebi em Brasília. Com os olhos vendados, ele desarmava tranquilamente todas as peças de uma pistola ou metralhadora, pedia que misturássemos tudo e, logo, apalpando como um cego, voltava a armá-las exatamente como eram. No quotidiano, porém, era apressado e ansioso, e nessa manhã de 1969 – contra todas as leis da guerra – ele, que sabia de guerra, foi procurar o inimigo. Um inimigo numericamente superior, que se comunicava por rádio e a cada instante recebia reforços.

3

Antes de abandonar o Fusca, passei um lenço pelas superfícies metálicas internas para apagar as impressões digitais e ainda lhe gritei que voltasse, mas Víctor só moveu a metralhadora a tiracolo de baixo para cima, pedindo que André, o terceiro ocupante do carro, o acompanhasse. Ambos correram em direção a um contingente de quase cem policiais apoiados por helicópteros, enquanto eu fazia exatamente o oposto: recuei a pé, na contramão, voltando em direção ao subúrbio. Instintivamente, eu punha em prática o princípio geral da guerra contido em todos os manuais militares: se o inimigo ataca, recuamos; se o inimigo para ou recua, atacamos.

Aquele trecho da Avenida Brasil, pelos lados do Aeroporto do Galeão, até hoje é ermo e sem ruas laterais. Nele caminhei sozinho (sem tirar da cintura a pistola austríaca 7.65 mm) e com tanta naturalidade que um helicóptero da polícia sobrevoou-me duas vezes sem nada suspeitar. Segui sem sequer virar a cabeça. Na primeira rua lateral, ao tomar um ônibus a esmo, ainda ouvi, lá longe, o lento matraquear de uma potente metralhadora de helicóptero.

Depois de resistir durante uma hora ao cerco policial de terra e ar, os dois foram presos quando a metralhadora do Víctor "engasgou", travando a bala no cano, um velho defeito dessa arma dos anos 1950. Ilesos, sem qualquer arranhão, foram entregues ao Exército e levados ao quartel da Rua Barão de Mesquita e aí, em menos de 12 horas, estavam literalmente destruídos pelo choque elétrico e pelo pau de arara. Como Víctor fora um dos mil marinheiros expulsos da Armada após o golpe de 1964 sob a acusação de "esquerdistas", também a Marinha fez valer sua jurisdição terrorífica.

No dia seguinte, fui preso pouco antes do meio-dia, numa cilada ingênua, na qual caí por autossuficiência. Era minha terceira prisão desde a implantação da ditadura militar, mas dessa vez me apontam as metralhadoras, investem sobre mim com fúria, abrem-me a camisa e me descalçam um sapato. Um só, para que eu capengueie e não tente fugir. Em Brasília, em 1964, logo após o golpe de Estado, prenderam-me na sucursal do jornal *Última Hora*, educadamente, como se me pedissem licença para praticar uma arbitrariedade. Três dias depois, libertaram-me e o próprio noticiário oficial da *Voz do Brasil* – que o país inteiro ouvia pelo rádio, ávido por inteirar--se dos limites do medo – qualificou a detenção de "lamentável equívoco". Em agosto de 1967, ainda em Brasília, a polícia bateu cedinho na minha casa, eu abri a porta e eles gritaram: "Já são 6 da manhã. Podemos entrar e mexer em tudo". Vasculharam cada canto e – pelas dúvidas – apreenderam até os "manuais" com os circuitos do televisor, além de todos os livros e fotografias domésticas e, uma hora depois, me entregaram à Polícia do Exército. Fui interrogado, então, por diferentes equipes de inquisidores, durante 72 horas consecutivas, com breves paradas para refeições rápidas, mas a única tortura foi esse não dormir e só responder e responder interminavelmente a tudo que lhes ocorresse indagar. Quase cinco meses depois, no final de dezembro de 1967, o Supremo Tribunal Federal mandou libertar-me e se cumpriu a ordem.

A punição maior, porém, foi como jornalista. Nunca mais pude voltar a Brasília e reassumir meu posto de colunista político na *Última Hora*, do Rio, então o único jornal claramente oposicionista. Com os dois marechais – Castelo Branco e Costa e Silva –, a ditadura ainda se envergonhava de reprimir e, mesmo dura, transigia, buscava aparecer como bem-comportada e obedecia à justiça, que pelo menos no âmbito do Supremo Tribunal atuava com independência. Brasília, porém, era um núcleo pequeno e, como tal, um notório covil de dedos-duros, esses pequenos delatores gratuitos, que cheiravam subversão em cada gesto só para subir na vida.

Nada mais perigoso que o medíocre à cata de oportunidades (sejam quais forem) para servir o poder e nele servir-se de mesa farta. E, assim, todos, inclusive eu próprio, convieram em que eu – o chamado Dr. Falcão, apontado como "mentor da guerrilha de Uberlândia", em Minas Gerais – não poderia continuar em Brasília nem ter atividades políticas no jornal. Transferi-me para o Rio em 1968 e fui trabalhar, ao lado de Samuel Wainer (que voltava do exílio na França) e de João Etcheverry, na reorganização da *Última Hora*. Deixei o jornal (e me escondi) na tarde de 13 de dezembro de 1968, data do Ato Institucional n° 5, quando o governo militar transformou-se sem rodeios em ditadura e, além de extinguir o *habeas corpus*, fechar o Congresso e intervir na justiça, na imprensa, nos sindicatos e em quanto mais houvesse no país, prendeu a esmo, numa gigantesca caça às bruxas que não ocorrera sequer em 1964 na derrubada do presidente João Goulart. Daí em diante, o Brasil mudou. O medo se incorporou ao quotidiano. A delação e o colaboracionismo fizeram do dedo-duro um dos suportes do regime. Começava-se a falar baixinho ou a nada dizer e a tudo calar. O bom patriota era o brasileiro com medo, domesticado pelos tambores militares.

4

O medo gera o servilismo. E nesse 6 de agosto de 1969 o servilismo do medo facilitou minha prisão e eu fui preso pelo porteiro. Sim, o porteiro do prédio, aquele negrinho magro que me pedia dinheiro "emprestado", é quem guia a polícia e diz que eu sou eu.

Como foi? Na manhã seguinte ao tiroteio na Avenida Brasil, no Rio, passo em frente à minha casa, na Rua Paisandu, noto que abrem buracos na rua "arrumando a rede elétrica" e entro no prédio ao lado, subindo ao 12° andar, onde temos um esconderijo que só eu e outra pessoa conhecemos. O porteiro me acompanha, leva na mão um telegrama para entregar a alguém no prédio e desce comigo no mesmo andar, casualmente. Espia a que apartamento eu me dirijo, explica que se enganou de piso e volta ao elevador. Abro o apartamento e já da porta entendo tudo: o sofá da sala, virado e cortado de lado a lado, escancara aos olhos a presença da polícia. Tudo desaparecera, inclusive Jarbas, que a essa hora me esperaria ali. Tento sair pela basculante da cozinha, mas levaram também a corda com que desceria ao pátio térreo. Atônito, saio rápido, desço pela escada meia dúzia de pisos e no 6° andar tomo o elevador social sozinho.

No térreo, ao abrir-se a porta, três metralhadoras apontam para minha cabeça. "É ele ou não é?", pergunta um homem enfatiotado, baixando os olhos para me comparar com as fotografias que tem nas mãos. São fotos do aniversário de minha filha, de anos atrás, em que eu apareço mais jovem. Percebo, assim, que minha residência (no edifício ao lado) foi invadida.

– É ele, sim – responde outro, rosto achinesado, o mesmo que na calçada, momentos antes, "inspecionava" os trabalhos na rede elétrica defronte à minha casa. O porteiro do edifício move a cabeça, confirmando que eu é que entrei no apartamento. Dois policiais caem sobre mim, me revistam e me descalçam um sapato. Logo, me algemam. Empurrado, chego à rua e eles param um táxi, um imenso carro dos anos 60. Sento-me atrás, no meio de dois policiais. Mandam "tocar para a Tijuca". O policial do lado direito fuma e me joga as baforadas no rosto.

Ao terminar, me desabotoa a camisa e apaga o cigarro no meu peito, amassando a bagana de um lado a outro, como se minha pele fosse um cinzeiro. Grito. O motorista se espanta e olha pelo retrovisor. Em todo o trajeto ninguém fala, mas até hoje recordo o tom de voz do policial achinesado ameaçando o taxista, quando chegamos ao quartel da rua Barão de Mesquita: "Bico calado. Você não viu nada. Tenho o número da tua placa e te arrebento a vida, velho boboca!".

5

No pátio do quartel da Polícia do Exército, o major-chefe do PIC (Pelotão de Investigações Criminais) me recebe com uma mangueira de borracha dura nas mãos, em farda de campanha, e ali mesmo começa a operação bélica. Primeiro nas costas, logo no peito, os "mangueiraços" me percorrem cada centímetro da cintura para cima, antes que me joguem no meio de duas fileiras de soldados e cada um deles me dê pontapés onde for. No jargão militar, é o "corredor polonês". Apitos e gritos de ordem cadenciam os pontapés. Eu caio e me ergo de novo, tentando me safar dos chutes ou empurrões, e ouço a frase que, daí em diante, será a ladainha contínua de dias e noites: "Te levanta, filho da puta, comunista subversivo".

Na ponta final do "corredor polonês", o major-chefe do PIC, outra vez com a mangueira preta de borracha dura. E é com ela que ele me conduz, aos empurrões, à sala do quartel onde passarei, na prática, os próximos 30 dias. "A sala do PIC", esse salão em que a tortura é a única dança de uma única música. Continuo algemado e tudo é tão rápido, feito com tanta destreza que não percebo aonde querem chegar com aqueles fios que me enrolam nos dedos da mão. Em seguida, sinto uma lança pelo braço e pelo corpo, uma lança seca, que não sangra, mas perfura de dentro para fora. Estremeço e uivo, tropeço em mim mesmo, e a lança me penetra de novo, mas agora como se me esbofeteasse, com aquela dor de bofetada no rosto expandindo-se em descargas pelas entranhas e chegando à pele. Continuo a tropeçar em mim mesmo e caio. Sou levantado a patadas dos pesados borzeguins militares. Alço os olhos e vejo o major-chefe do PIC acionando a manivela de uma pequena caixa, como se fosse um telefone de campanha da Segunda Guerra Mundial, pouco maior que uma máquina de escrever portátil. É a máquina de choque elétrico. O rosto do major se contrai, ele cerra os lábios, ajusta os olhos como se fizesse mira, e eu o vejo acionar a manivela antes de cair quase aos seus pés.

Grito. Lembro-me que gritei muito. Cada uivo como uma cadência que começava e concluía em si mesma. Um grito sem pranto, sem lamento. Só dor.

O choque elétrico nos faz perder a percepção concreta. Ouço vozes, mas não sei o que dizem nem se me interrogam ou falam comigo. Logo, a máquina do choque elétrico para. Em poucos segundos, entendo que procuram as chaves das algemas e se faz uma pausa. Ouço, então, uma voz:

– Isto é uma irresponsabilidade!

Na ilusão do náufrago à espera de um salva-vidas, entendo que alguém – talvez o comandante do quartel – aparece em minha defesa e chama de "irresponsabilidade" o que estão fazendo comigo. Só mais tarde vim a entender a verdade: "irresponsabilidade" era não terem me tirado as algemas antes do primeiro choque elétrico, pois assim – com as mãos unidas pelo metal – a corrente, embora aplicada no lado direito, passava diretamente ao coração e o preso podia morrer ali mesmo. O choque elétrico não se aplica com intenções assassinas, mas para triturar o prisioneiro, esmigalhá-lo, reduzindo-o a uma condição de inferioridade e impotência absoluta, física e psicológica. Eles não pretendiam matar, nem nos matar. Só nos aniquilar em vida, destruir-nos vivos como numa fogueira em que Joana D'Arc queimasse e queimasse sem jamais se extinguir nas chamas, para sofrer ainda mais com a dor multiplicada.

6

Eles não são assassinos, apenas torturadores, o estágio mais alto do sadismo. Torturar é a dinâmica desse purgatório perene, onde tudo se sofre e nada se purga.

Já que não querem me matar, mas "apenas torturar", aparecem as chaves e me tiram as algemas. E, livre delas, eu passo a receber choques apenas no lado direito do corpo. Poupa-se o coração: não se tortura pelo lado esquerdo e o máximo que avançam aqueles fios de cobre é até o meio do corpo, na virilha, no pênis ou no ânus. Ou, então, no centro do corpo, na cabeça, e aí os fios elétricos se espalham por todos os lados, das têmporas à nuca, da nuca ao nariz, das narinas às orelhas e ao fundo dos ouvidos. Ou, então, o torturador se deleita roçando suavemente os fios elétricos sobre os nossos olhos e a vista queima, arde de calor, porque – mesmo fechados – os olhos continuam abertos de dentro para fora, espreitando esse tigre metálico que leva fogo à retina.

Cambaleio e caio à medida que os choques se multiplicam por todas as partes do corpo, pelo corpo inteiro, até por dentro, como se secassem as veias ou interrompessem as artérias. Logo, uma pausa e entra outro preso. Aquele rapazinho, filho de um pastor batista do bairro da Tijuca, que eles prenderam por engano (só porque era loiro e eles buscavam um loiro), ainda conseguiu, ali do meu lado, berrar e berrar – "Não, não; atrás, não, por favor, não me ponham atrás" – quando dois sargentos o agarraram pelos ombros e um terceiro introduziu-lhe no ânus os fios de cobre nu. Logo, desmaiou e, aí então, o major-chefe do PIC deu a ordem, sem se assustar, mostrando que entendia da missão:

– Tira do cu e dá uma descarga leve no braço esquerdo que ele acorda!

O filho do pastor batista da Tijuca acordou, moveu-se no chão, mas, quando se levantou, seus olhos estavam mortos. A descarga leve no braço esquerdo, no lado do coração, o tinha ressuscitado, mas naqueles poucos instantes de choque elétrico as rugas e os vincos surgiram no seu rosto adolescente e ele parecia um sobrevivente da fogueira da inquisição, um ancião muito ancião aos 17 anos de idade.

CAPÍTULO III
Os mendigos

*Vamos embora logo. Não temos nada
que levar, a não ser nosso destino.*

GLÁUBER ROCHA

("O Dragão da Maldade contra o Santo Guerreiro")

1

Tudo é tensamente monótono neste avião da FAB, da paisagem interna dos espaços desocupados às caras apreensivas dos soldados que se revezam na guarda, de pé, e não nos tiram os olhos. O barulho enfadonho dos quatro turboélices nos faria dormir até mesmo nestes banquinhos de lona, com toda a certeza, se outro fosse o panorama e outra a ansiedade. Não procuro dormir nem procuro nada. Nada sei do futuro, a não ser que voamos em direção a Recife. Tudo o que sei está ocupado pelo que senti e vi nestes últimos dias.

O major F. dizia que eu não me salvaria como das outras vezes e ficaria, agora, 30 anos no cárcere e nele apodreceria. Fiquei exatos 30 dias, não 30 anos. Nem eu mesmo entendo o que ocorreu. Só sei que cheiro a cobre. O sabor que sinto na boca é de cobre, tal qual o gosto da minha saliva. Quando respiro fundo, o gosto de cobre passa pela garganta e, ao comer, tenho a impressão de que mastigo cobre. Às vezes, dependendo da umidade ou secura do ambiente, o metal me perpassa as narinas e é como se o mundo cheirasse a cobre.

Quando nos enfiam os fios boca adentro e acionam a manivela, no entanto, no metal não há sabor ou gosto, apenas frio. Um frio diferente, não intenso, mas pegajoso como a friagem do gelo que se gruda aos dentes. Por isso, quando o sargento Thimóteo faz o fio de cobre pular da gengiva superior à inferior ou de um lado a outro, a mucosa treme, mordida pelo metal pegajoso que nela se cola e dela é retirado com um leve puxão. As mucosas sangram, e o sabor do sangue é metálico. Quando o fio toca a obturação de amálgama, tudo parece explodir e, imediatamente, a boca adormece e não adianta sequer morder os lábios porque nada se sente. É como se a boca tivesse desaparecido e deixado em seu lugar apenas uma protuberância informe.

Outros, porém, sofreram também tudo isso e ainda muito mais do que isso, como Víctor e Jarbas ou aqueles presos dos quais só guardei o grito de dor aguda: neles, o fio de cobre, como uma broca, atingiu o nervo dos dentes quebrados a porretadas, praticamente arrancados na própria tortura.

Durante anos no Brasil (até mesmo antes do terror do golpe militar de 1964) o choque elétrico foi utilizado pela polícia "normalmente" contra os marginais e delinquentes pobres, autores ou suspeitos de crimes comuns, para obter confissões ou informações. O choque elétrico sofisticado, com requintes de perversão, porém, só foi usado contra os presos políticos. O quartel da Rua Barão de Mesquita foi o cenário em que eu vivi e vi esse drama, que se desenvolve em forma progressiva. Começa na mão direita, e isso já bastaria como crueldade, pois o efeito recorre todo o corpo e o prisioneiro cai. Os pontapés e os gritos obrigam o preso a levantar-se e tudo recomeça. Aos poucos, surgem as variantes do sadismo: molham o chão para que o efeito se amplie da planta dos pés à cabeça, num tremor profundo, e, logo, o cabo metálico chega ao rosto e ao contorno dos olhos, aos ouvidos, às gengivas e à língua. Na sala de torturas, o prisioneiro está sempre nu ou seminu (só de cuecas ou calcinhas) e isso, que em si mesmo já é uma humilhação, facilita o requinte maior do choque elétrico: nos homens, amarrar os fios no pênis, e nas mulheres, introduzir o cabo metálico na vagina. E em ambos, como alternativa final, o choque elétrico no ânus.

2

O choque elétrico é a primeira dor profunda, mas a grande humilhação, símbolo da derrota e do ultraje, é despir-se. "Vai tirando a roupa", diz o chefe do PIC, e já um dos sargentos agarra-se na camisa ou puxa a calça ou a saia e a primeira reação, instintiva, é gritar, num ingênuo gesto de defesa: "Não me bota a mão. Deixa que eu tiro".

É o momento da mútua corrupção entre a vítima e o algoz. Na crença de que se defende, o prisioneiro obedece e se despe. Nunca chega a tirar as cuecas ou as calcinhas e o sutiã (que são arrancados depois), mas de fato se desnuda, como o torturador quer. O preso se dobra ao carrasco, na ilusão inconsciente de tentar corrompê-lo e atenuar a tortura seguinte, que desconhece mas intui. E o carrasco corrompe mostrando poder, para que se saiba que ele comanda a vida do prisioneiro e pode torturar mais ou torturar menos.

De modo geral, os homens prisioneiros se despiam fácil, mas as mulheres se negavam e resistiam. Primeiro, argumentavam. Com paciência ou com ira, perguntavam se o torturador faria isso com a mulher, a mãe, a irmã ou a filha. Depois, empurravam o sargento que lhes ia arrancar a blusa ou a saia. Outras vezes, mentiam e se diziam menstruadas, sem saber que provocavam, assim, um sadismo abominável e abjeto: dois ou três homens se atiravam sobre a prisioneira e, subjugada, ela era apalpada e cheirada nos órgãos genitais, enquanto lhe arrancavam a roupa. E, logo, "bolinada" por aquelas mãos habituadas ao sangue, que tocavam a pele e o sexo não como carícia nem para amar, mas para "verificar", para destruir ou para marcar a ferro, como numa rês. E, como ela já estava no chão, deitada e inerme, abriam-lhe as pernas e – para começar e não como requinte final, como era a norma – metiam-lhe o cabo elétrico diretamente na vagina.

Nesses casos, o major M. F. costumava gritar para o sargento: "Calma, calma. Não coma a sobremesa antes do feijão". E aquele pequeno e poderoso estado-maior da tortura, ali reunido em torno da presa, ria e ria muito, numa gargalhada galhofeira, festejando o triunfo.

3

Eu estava de costas a um canto contra a parede e só ouvia, mas era como se visse Marlene e Iracema dando tapas no sargento, correndo atrás do major, em revide à tentativa de despi-las à força. Iracema Ferreira tinha 20 e poucos anos, e não só se defendia a si própria, mas também à sua cunhada Marlene, magra e mais velha. Resistiram com fúria, até que chegou o reforço de quatro ou cinco mais – gente da polícia, pois não usavam farda – e lhes arrancaram os vestidos. Veio o tenente Magalhães, jovem e ágil de pernas, e me enxotou dali a pontapés nos testículos. E, nuas, elas foram torturadas noite adentro: penduradas no pau de arara, o choque elétrico deve ter percorrido nelas todas as intimidades do corpo e da alma, pois elas gritavam e gritavam fundo, em cadência. Era o cadenciado balé orquestrado pelo major, que, maquininha na mão, costumava dar três passos para um lado e acionar a manivela dos 220 volts, e logo repetir a operação com três passos para o outro lado, numa dança interminável. Nenhum preso dormiu aquela madrugada: os gritos das duas soavam ritmados, como chibatadas no ar, e só terminaram quando o dia raiava. Por cansaço dos carrascos.

Marlene e Iracema não pertenciam ao Movimento de Ação Revolucionária, denominação do nosso grupo no Rio (cuja sigla, MAR, identificava uma forte presença dos antigos marujos expulsos da Marinha de Guerra pela ditadura militar), nem a qualquer outro movimento de resistência. Ambas eram acusadas, porém, de "cumplicidade familiar", um "crime" não previsto sequer na totalitária Lei de Segurança Nacional, mas constante dos manuais de tortura elaborados na School of the Americas, mantida pelo Exército dos Estados Unidos na zona militar do canal do Panamá, e, como tal, executados ao pé da letra pelo militarismo brasileiro e latino-americano em geral: se algum "suspeito" fugisse ou não fosse encontrado, em seu lugar prendiam-se os parentes mais próximos, para forçá-lo a entregar-se. Marlene era "cúmplice" por ser mulher de Ferreira, a quem o Exército buscava, e Iracema, por ser sua irmã. Presas e submetidas a um suplício humilhante, estavam ali como reféns, para tentar obrigar a que o próprio Ferreira – marido de uma e irmão da outra – se entregasse prisioneiro.

Mas ele não se entregou e, com Leo e Sílvio, escapou antes que o Exército invadisse a sua casa naquela vila operária do subúrbio carioca. Sem que eu soubesse, levaram-me como "escudo" para a invasão, convencidos de que aquelas humildes residências suburbanas eram uma fortaleza subversiva, onde o Exército e a polícia seriam recebidos à bala. Foi ao anoitecer, no meu segundo dia de prisão. Algemado e só de cuecas, meteram-me aos empurrões no porta-malas de uma caminhonete Rural Willys e me avisaram:

– Vamos te atirar no Guandu. Sabe o que é o Guandu, não é?

Claro que eu sabia. O rio Guandu tornara-se famoso, anos antes, quando meia centena de mendigos foram atirados nas suas águas e morreram afogados, numa "ação de limpeza" da mendicância das ruas do Rio de Janeiro, realizada pela polícia e órgãos de "ação social" do próprio governo. O jornal *Última Hora*, do qual eu fora o colunista político, tinha denunciado o episódio na época e, agora, eu estava nas mãos dos afogadores e já tinha a sentença.

4

Seminu, só de cuecas, algemado e deitado no porta-malas, viajei um tempo longo, aos solavancos, por escuras ruas sem trânsito. Senti um abandono absoluto – ninguém sabia da minha prisão nem do meu paradeiro – e comecei a imaginar como seria morrer afogado. Pensei na vertigem ao me jogarem de cima de alguma ponte e, talvez para atenuar o impacto da minha anunciada morte, eu, que quase não sei nadar e sempre tive medo de água, me convenci de que desmaiaria na queda e morreria ali mesmo, no ar, e não afogado. Depois de muito andar, a caminhonete parou e me fizeram descer num local iluminado. Rápido, atino a ler a placa que identifica a Base Aérea de Santa Cruz e percebo que, atrás de nós, há outras cinco viaturas. Um soldado da Aeronáutica me veste a calça e a camisa, que eu mesmo aboto com as mãos algemadas, mas continuo descalço. Entro de novo na caminhonete, mas agora deitado no piso do assento traseiro.

Os pés dos três ocupantes do banco se apoiam no meu corpo e um deles, intermitentemente, me pisa e chuta as costas exclamando vitorioso: "Só tou verificando se você ainda tá aí".

Adiante, a caminhonete para, me levantam e me fazem sentar. Estamos defronte a uma pequena praça e, ao fundo, duas construções exatamente iguais.

– Qual é a casa do Ferreira? – pergunta impositivo o mesmo homem, sem farda, que no quartel me sentenciou ao afogamento no rio Guandu.

– É aquela ali, à direita – respondo rápido, apontando com exatidão a casa do Ferreira.

– Este filho da puta está mentindo. Entrem na outra casa, na da esquerda! – retruca, numa ordem.

Pela reação, noto que ele é o chefe do batalhão invasor, pois me empurram à casa da esquerda, enquanto engatilham as metralhadoras e os fuzis. Os cinco ou seis que me levam como escudo derrubam a porta a pontapés e coronhadas e já entram gritando: "Todo mundo no chão, boca no chão e mãos na cabeça!". O chefe dos invasores manda que eu identifique o Ferreira e, quando atino a observar, quatro homens já estão deitados, de borco, na laje da varanda daquela casa pequena. Eu me aproximo do primeiro, um gordinho moreno, e grito alto, frenético e muito alto, para que o som se espalhe:

– Deve ser este o Ferreira, sim, é este o Ferreira, é o Ferreira!

Um policial cai sobre ele, tira-lhe das mãos um papel, lê rápido e exclama:

– É ele, sim, isto aqui é um folheto comunista e subversivo.

O homem treme. Literalmente, seu corpo se convulsiona e seu bigodinho se contorce quando ele move a cabeça e balbucia baixo mas audível:

– O Ferreira é ali, na casa do lado.

5

Os invasores se espantam, vociferam, gritam palavrões. Revisam e identificam os quatro ocupantes da casa: nenhum deles é o procurado, mas aquele panfleto os incrimina. Enquanto os invasores, indecisos, não sabem o que fazer e vasculham os quartos, intuo o que ocorreu: a polícia entrou no exato momento da reunião de uma célula comunista neste conjunto de humildes casas de Campo Grande, um subúrbio carioca em que o PCB ainda conserva influência, e estes quatro são os "vizinhos comunistas", dos quais me falava Ferreira, desconfiando deles. Neste vilarejo, o nosso núcleo não vai além de dez pessoas, quase todas dissidentes do "partidão" e excluídas de seus quadros por discordarem da rígida linha partidária interna, preocupada apenas em resguardar ou exaltar as relações com a União Soviética "potência mundial" e que, alheia ao Brasil, abominava a luta armada, já que a URSS só se interessava em negócios de vender e comprar, e não na revolução popular na América Latina. Este distante bairro operário é, agora, o microcosmos das desavenças na esquerda e na oposição brasileira sobre como desvencilhar-se da direita ditatorial-militar.

As discórdias surgiram já nos primeiros meses após o golpe de Estado de 1964 e se tornaram flagrantes em dezembro de 1968, quando a ditadura se assumiu como tal, com o Ato Institucional n° 5. Nesses quatro anos e oito meses, a direita militar-civil tinha imposto ao país tudo o que pretendia em termos econômico-sociais, mas ainda não se animava a impor e assumir sozinha o custo das ações políticas, que dividia com um Parlamento – castrado e timorato, é verdade, mas que ainda protestava – e um Supremo Tribunal Federal, que se mantinha independente. Mais do que tudo, porém, a imprensa – mesmo pressionada e vigiada, mas sem censura e sem mordaça – obrigava a aliança civil-militar no poder a observar certos ritos e regras, como se em parte vivêssemos em democracia. Essa situação era evidente em São Paulo e no Rio, onde os jornais e as revistas – não o rádio nem a televisão – denunciavam casos de perseguição, tortura e morte de opositores ou criticavam outras mazelas do regime. Nos demais estados e em Brasília, a imprensa se manteve servil, praticamente sem exceção, variando apenas o grau maior ou menor de adulação e servilismo.

O hiperautoritário Ato 5, em dezembro de 1968, separou ainda mais as águas desse rio revolto. No Supremo Tribunal, foram cassadas as três melhores cabeças jurídicas – "os esquerdistas" Víctor Nunes Leal, Hermes Lima e Evandro Lins e Silva – para que os restantes entendessem que, agora, havia novos justiceiros, fora da justiça. Do Congresso e dos Parlamentos estaduais foram cassados – ou expulsos – absolutamente todos os que o poder militar suspeitasse que se opunham à ditadura, liberais ou esquerdistas. Se eles prenderam, então, até Carlos Lacerda, que em 1964 fora o líder ideológico-civil do golpe de Estado, só porque pedia "o retorno da democracia", que pensar do que poderiam fazer conosco, com essa imensa franja nacionalista e de esquerda, de matizes diferentes e oriunda de setores sociais diversos, que se desenvolveu durante o governo Jango Goulart?

Os espaços em que podia mover-se a oposição tornaram-se diminutos. Ao endurecer-se, porém, a direita militar rompeu o próprio esquema civil que a havia apoiado e ampliou o leque opositor. Os liberais autênticos ficaram contra a ditadura e a enfrentaram com os instrumentos que tinham à mão. Júlio de Mesquita Filho e, em 1969, após sua morte, Júlio de Mesquita Neto e Ruy Mesquita deram, então, o melhor exemplo dessa rebelião liberal quando *O Estado de S.Paulo* e o *Jornal da Tarde* desafiaram a censura. Em vez de substituir a verdade das notícias cortadas pelos censores com a versão mentirosa inventada pelo governo militar, já que nenhum jornal podia circular com espaços em branco (a ameaça era fechamento sumário), eles começaram a publicar os cantos de Os *Lusíadas,* de Camões, ou insípidas receitas de cozinha, da primeira à última página, mostrando que ali estavam informações censuradas.

O destemor, porém, foi exceção e o medo instaurou-se como poder no país. A oposição passou a viver um alvoroçado caos que, à medida que se fortalece a crença de que a ditadura deve ser enfrentada com urgência, atinge e atomiza a esquerda mais do que qualquer setor.

6

Este bairro operário do subúrbio carioca, aonde o Exército me leva como escudo à casa do Ferreira, é a imagem desse esfrangalhamento da esquerda (e, assim, da rebelião), que ocorre contraditoriamente no momento em que o pensamento de esquerda cresce e, até, passa a ser moda nos setores urbanos da alta classe média. O Partido Comunista, que fora referência histórica ou núcleo básico da esquerda, tinha optado por uma vida de ameba no intestino da ditadura e queria, tão só, autoproteger-se para manter-se vivo, mesmo que assim matasse toda a sua tradição de insurreição. Nenhum gesto concreto de contestação, muito menos de rebelião, partiu da direção comunista nesses anos.

Tudo o que pusesse à prova o regime militar ou o questionasse na prática era tachado de "aventureirismo pequeno-burguês" ou "provocação" pelos dirigentes do PCB, pois punha em risco a estrutura interna da ameba.

Isto foi fatal para a esquerda e, sobretudo, para as organizações que não provinham do PCB nem se originavam do seu ventre, mas cujos integrantes prestaram, sempre, uma espécie de temor reverencial ao "partidão". Foi o meu caso e o de milhares de outros: jamais pertencemos ao PCB e criticamos sempre as atrocidades e o despotismo interno do chamado "socialismo real" da União Soviética, mas, mesmo assim, nutríamos uma secreta e profunda admiração por essa gente sacrificada, os comunistas, entregues por inteiro à utopia e que discorriam com segurança total sobre as contradições do capitalismo, a dialética ou a "plus-valia" de Marx. Por um lado, nos sentíamos abandonados, praticamente traídos pelo PCB, quando o país mais precisava da experiência dos comunistas sobre vida clandestina ou organização insurrecional. Eles, e não nós – socialistas, cristãos de esquerda, trabalhistas ou nacionalistas –, é que estavam acostumados às catacumbas e sabiam como esconder e esconder-se, organizar-se à sombra e atuar ao sol sem ser identificados. Não sabiam de clandestinidade sequer os trotskistas, engajados na luta armada e que – como nós, os socialistas – antes de 1964 eram quase tão só um "clube" de crítica ao stalinismo ou de devaneios ideológicos.

Com o PCB contra nós – ou seja, contra a luta armada –, nos sentíamos na orfandade. Boa parte da militância comunista, porém, desprendeu-se do "partidão" e passou-se para o amplo e caótico espectro da resistência à ditadura, mas essa positiva mudança de lado foi traumática e abriu feridas. Aqueles "vizinhos" do conjunto operário, por exemplo, consideravam "traidores" os seus ex-camaradas que se integraram à resistência, e estes – por sua vez – entendiam que eles, ficando no PCB, "traíam" a causa da revolução popular. Desconfiavam uns dos outros e nem se cumprimentavam no portão. Num cenário maior, os dois principais líderes da resistência, Carlos Marighella e Joaquim Câmara Ferreira – expulsos do PCB ao optarem pela luta armada –, viviam a mesma e idêntica situação, como tantos outros. Alguns ex-comunistas, como Rolando Fratti, Agonalto Pacheco, João Leonardo Rocha e Ricardo Zarattini, estão agora comigo neste avião, saindo da prisão e da tortura, trocados pelo embaixador norte-americano.

7

Aquele homem baixote, que tremia de medo quando a polícia o flagrou coordenando uma reunião da célula do PCB, não tinha por que sofrer pelo camarada de ideias que já desertara do "partidão" e, sem titubear, apontou a casa do Ferreira, "ali ao lado". Tudo foi rápido, mas mesmo assim se passaram mais de cinco minutos. Até hoje não sei se Ferreira já tinha fugido de casa, com Leo e Sílvio, ou se saiu nesse intervalo de longos minutos, antes do assalto da polícia. Levaram-me, assim, de novo como escudo: arrombaram a porta e encontraram duas mulheres tranquilas e uma criança de 6 anos. Interrogadas, ambas disseram que não me conheciam e, ali mesmo, levaram tapas e bofetadas para que entendessem com quem estavam falando. Eles reviraram, então, todos os cantos. Como eram mais de uma dúzia e sequer cabiam na casa, dois deles se meteram no banheiro e, de porta aberta, baixaram as calças e esvaziaram tudo o que tinham nos intestinos e na bexiga diretamente no chão, para que as duas mulheres vissem que eles eram bichos, não gente, e que seriam capazes de muito mais.

Ao vasculharem a casa, enquanto levavam as duas para abrir gavetas, durante um longo momento deixaram-me sozinho na cozinha, junto à mesa em que um dos invasores esquecera a metralhadora e um pente carregado de balas. Olhei ao redor e nada vi, a não ser as fezes na entrada do banheiro e as moscas, atraídas pelo mau cheiro. Estava algemado, sim, mas podia tomar a metralhadora, acionar o gatilho (eu conhecia muito bem aquele tipo de arma) e fugir, saltar para o pátio contíguo e correr. Atordoei-me com a ideia, comecei a suar e só me acalmei quando me indaguei, em silêncio, sobre como tiraria as algemas e até onde aguentaria correr descalço, se ali mesmo já sentia os pés cortados e frios naquela noite úmida de inverno.

Nos primeiros dias de prisão e tortura, a ânsia de livrar-se é tanta que não se percebem as armadilhas, e só muito depois entendi que aquela metralhadora "esquecida" era um convite ao meu assassinato legalizado: a arma devia estar emperrada, eu apertaria o gatilho, e ela jamais dispararia e, então, eles me eliminariam com a chamada "lei da fuga". Poderiam dar-me até um tiro no peito, de frente – como se mata em "legítima defesa" –, e depois me exibir em fotos e filmes, metralhadora em punho. Eu era o fugitivo perfeito que se necessita para matar legalmente. Só por medo me salvei. Por medo de ser valente, só por medo de ter coragem de morrer por coragem.

O mais terrível de tudo, porém, foi aquele olhar duro com que Marlene me fitou ao ser levada presa com a cunhada. Em silêncio, ela me perguntava por que eu estava com aquela gente que invadia a sua casa e a obrigava a deixar o seu filhinho de 6 anos, aturdido e em prantos, com a outra vizinha, que nada entendia daquilo. Na rua, tudo deserto e silencioso na semiescuridão. Durante mais de uma hora, o Exército e a polícia tinham tomado duas casas e a rua principal daquela vila operária quase em segredo. Os invasores não usavam farda, mas roupa comum, cuidando-se de não mostrar os flancos nem a cara. Os residentes do conjunto operário portavam-se no mesmo tom: fingiam-se de mortos ou de ausentes. Fechavam as janelas para mostrar que eram alheios a tudo e espiavam tudo pelas frestas. Talvez pelos fundos, em voz baixa, transmitissem entre si o que viam. Era uma forma de defender-se do medo.

E foi talvez assim, saltando pelos fundos dos pátios, que nossos três homens escaparam. No entanto, essa guerra silenciosa e clandestina de parte a parte (e que nós desconhecíamos) era brutal para mim e para essas duas mulheres, pois significava o abandono. Ninguém saíra em nossa defesa. Nenhum gesto solidário, nem sequer o da curiosidade, daqueles olhos que indagam com piedade aplaudindo o vencido. Os próprios oficiais e sargentos, que esperavam ser recebidos à bala ou, pelo menos, com protestos, estavam surpreendidos. E eu, atônito pela solidão e pelo desamparo, senti-me um desvairado e me perguntei se tudo o que havíamos feito não eram apenas gestos messiânicos, em que nós – que queríamos ser a vanguarda da resistência à ditadura militar – acabávamos devorados pelos nossos filhos, ou seja, nossos atos.

8

Eu me salvara das águas do rio Guandu, mas estava afogado. Estávamos todos afogados nesse 1969, quinto ano triunfal da ditadura. Afogados e abandonados. Tínhamos entregado tudo à causa da nossa "utopia popular", inclusive a vida. Ou principalmente a vida. Nem sequer tínhamos consciência dessa generosidade que, às vezes, se confundia com uma doação aventureira ou uma bravata de jovens, entremeada de gente madura, alguns até quase anciãos. Mas e o povo? Onde estava o povo, depositário e objetivo dessa sacrificada luta pela utopia?

O povo tinha desaparecido, fechava-se na comodidade ou incomodidade das casas ou até deixava a rua, como naquela noite muito fria de junho em São Paulo, dois meses antes da minha prisão. Que aconteceu?

Frei Betto nos esperou na porta do convento dos Dominicanos, em Perdizes, e no carro novinho da Lola – um Opala, recém-lançado no mercado – fomos jantar no Moraes. Risonha e extrovertida, filha de aristocrática família quatrocentona convertida ao industrialismo paulista, Lola era o contraponto da austera e calada Cecília, filha de um desembargador e membro da TFP, o fanático núcleo da ultradireita católica. Sociólogas, amigas quase irmãs, com a candura dos seus 24 anos ambas militavam na Ação Popular (AP), a esquerda cristã que reunia Jesus Cristo e Mao Tsé-Tung na revolução socialista. Assessora da CNBB, Lola conhecia todos os bispos católicos progressistas, a começar por dom Hélder Câmara, a quem chamava de "padre Hélder", na simpleza da intimidade. Cecília era a tradutora preferida da AP (do francês ao português) dos textos "do presidente Mao e do camarada Lin Piao", como ela mesma me explicou, entre cerimoniosa e ironicamente respeitosa.

Como restaurante, o tradicional Moraes reunia duas especialidades, além dos ricos excêntricos e dos intelectuais pobres: o filé bovino, servido a noite inteira, e as prostitutas de alto nível que aportavam de madrugada, após exercerem a profissão. Fomos lá aquela noite (minha última noite em São Paulo) para conhecer tudo isso. O famoso "filé do Moraes" era imenso, mais extravagante que os seus frequentadores, e – dos quatro que pedimos – sobraram dois inteiros, sem tocar.

– Vamos levar e dar aos pobres! – sugeriu Cecília, traduzindo o que cada um de nós pretendia.

No frio da madrugada, com dois imensos pacotes com bife e batatas fritas, saímos os quatro pelas ruas à procura de mendigos. Devagar, olhando as calçadas, com o carro último modelo (que por si só chamava a atenção), andamos dezenas de quarteirões parando nas esquinas, sem jamais encontrar um esmoleiro. Na rua, ninguém. Só os símbolos do estado policial: as viaturas do Exército ou da polícia e alguns poucos carros. O povo sumira. Depois que a terceira radiopatrulha passou por nós, também devagarzinho, e os policiais nos olharam desconfiados, resolvemos pôr fim àquela improvisada multiplicação dos pães: em vez de mendigos, procuramos uma lixeira.

Tampouco foi fácil, pois as ruas imundas prescindiam de lixeira. Na primeira encontrada, numa esquina, frei Betto desceu do carro e enfiou as mãos, lá despejando, rápido, aquele maná do céu. E, como perseguido pelo diabo, voltou correndo ao carro. Lola arrancou ligeiro e fugimos daquela desolação que provocava medo.

Se até os mendigos noturnos tinham sumido das ruas, o que dizer do povo?

CAPÍTULO IV
ESPLENDOR E QUEDA

Soy la sombra que arrojan mis palabras.

OCTAVIO PAZ

1

Por quê? Por que Pedro chorava se tudo dera certo? Eu cheguei pouco antes das 8 da noite e, em seguida, quando ele apareceu no ponto combinado na lagoa Rodrigo de Freitas, foi logo dizendo que a missão fora cumprida e que "os meninos" já estavam em viagem. "Os meninos" eram os nove presos políticos que, exatamente duas horas antes, tinham sido libertados no assalto à Penitenciária Lemos de Brito, e a frase significava que estavam sãos e salvos a caminho do acampamento-esconderijo em Angra dos Reis. Pedro era o chofer do carro que os transportou da frente da penitenciária até a Avenida Presidente Vargas, onde um veículo maior os esperava para a segunda etapa da libertação e da fuga. Mas ele continuava a chorar e a se lamentar, e aquele seu bondoso ar inocente – visível até no verdadeiro nome, Celestino, algo vindo do céu – se contorcia agora em pranto. Por culpa, chorava. Chorou muito ao contar e só contou quando deixou de tremer:

– Atirei e matei um velhinho que passava na outra calçada!

Com o carro estacionado a 10 metros, na esquina, Pedro estava ao volante, à espera, quando "os meninos" escaparam pela porta principal da penitenciária e os guardas começaram a disparar, já na rua. Ele puxou o revólver e, do carro, atirou sobre a polícia. Nesse exato momento, um transeunte na calçada do presídio recebeu o impacto e caiu. O ex-marinheiro Celestino transportou os fugitivos sem se perturbar no trânsito caótico do final da tarde, mas agora estava afogado em pranto e culpa:

– Como é que eu fui matar um inocente? Mas, também, por que ele se meteu no meio da calçada em pleno tiroteio?

Um velhinho caminhando àquela hora numa zona pobre como a do presídio só podia ser um pobre, um daqueles que nós queríamos libertar da pobreza, não matar.

Pela primeira vez, a morte ao acaso de alguém que não era "o inimigo" começava a cair sobre nós como uma dor própria, não alheia. Estávamos os dois, sozinhos, à beira da lagoa e eu tentava consolá-lo, mas no fundo (e escondido) chorava o mesmo pranto de Pedro, simulando força e mentindo, dizendo-lhe aqueles lugares-comuns de que a luta "tem dessas coisas" e que devíamos nos acostumar aos absurdos fortuitos e indesejados. Mais do que convencê-lo, talvez eu quisesse convencer-me a mim mesmo das coisas que "a luta tem".

Afinal de contas, não éramos nós os homens de aço? Não tínhamos realizado uma ação ousada, que no dia seguinte nem a censura poderia evitar que ocupasse as primeiras páginas dos jornais? Não tínhamos desmoralizado a polícia carioca, enganando a cúpula da segurança em mãos dos militares? Não estávamos, por acaso, comprovando que a violência era "a parteira da História"? Por que, então, essa chorumela do Pedro me afetava e passava a ser minha?

Sim, tínhamos de ser de aço, mas éramos de flores. Agora, no pranto de Pedro, era como se os mudos falassem e dissessem que, mesmo sem poder falar, sabiam falar. Simplesmente, não éramos os homens de aço que aparentávamos ser. Percebemos isso sem trocar uma só palavra e nos sentimos aliviados. Nos abraçamos e – com o que ainda me sobrava de aço –, como uma ordem, disse-lhe que fosse para casa dormir.

– Vai abraçar as tuas crianças e fazer amor com a tua mulher. Vai – e Pedro foi, sem chorar.

Na manhã seguinte, os jornais noticiavam a fuga e informavam que "um pedestre", um velhinho ferido com um tiro no tórax ao caminhar pela calçada, estava hospitalizado, mas fora de perigo. Mesmo ressuscitado, o "morto" de Pedro abria um debate subjetivo e secreto, em muitos de nós, sobre o alcance da guerra civil e as vítimas que não estão envolvidas na guerra civil. Agora teríamos de pensar também naqueles "inocentes absolutos", que ignoram tudo e estão à margem de tudo, que não queriam derrubar a ditadura nem defender a ditadura, e que pouco lhes importava tudo isso, porque eles estariam sempre na calçada, a esmo.

Como aquele velhinho, sem perceber que nós lutávamos por ele e sem saber que os outros, no poder, lutavam contra ele.

2

O drama daquele homem idoso nos aparecia como uma nova escaramuça, talvez mais difícil de resolver do que esse entrevero defronte à penitenciária. Praticamente em tudo, o assalto ao presídio fora perfeito e por muito tempo, no Rio, só se falou nisso. Entre os intelectuais e na esquerda, como um triunfo, ainda que ninguém identificasse os autores. E no governo, principalmente na Marinha, só se falava nisso para saber quem eram os autores.

Tudo tinha durado menos de três minutos. Às 18 horas, em ponto, dessa tarde de maio de 1969, ao concluir o recreio e em vez de voltarem às celas, nove presos transpuseram a porta principal e – saindo por onde só se entrava – ganharam a Rua Frei Caneca, sem maior obstáculo. Dentro do presídio tudo fora perfeito (ou quase). Nenhum gesto de força, nem sequer um empurrão. Só astúcia: sete presos deslocaram-se normalmente para o Serviço Social, junto à porta principal, onde trabalhavam outros dois e estavam escondidas as armas. Deviam escapar onze, mas dois ex-marinheiros se atrasaram uma fração de segundo e, quando se encaminhavam ao corredor de trânsito, o portão gradeado fechou-se automaticamente (como acontecia àquela hora) e eles ficaram do lado de dentro do pátio, limitando-se a ver os seus companheiros saírem.

O uniforme do presídio carioca – blusa branca e calça cinza – não chamava a atenção e o grupo chegou ao largo junto à rua sem ser notado pelos transeuntes. Mas, ao darem o segundo passo antes de atingir a calçada, atravessar a rua e subir nos carros que os esperavam, os nove viram chegar, casualmente, duas caminhonetes policiais trazendo detentos transferidos da Penitenciária de Bangu, que deviam entrar no presídio exatamente por onde eles saíam.

Viram e foram vistos pelos policiais, que identificaram os uniformes e começaram a atirar. Os nove fugitivos estavam armados e durante 30 segundos, enquanto eles corriam em direção aos carros, os dois lados dispararam, errando sempre o objetivo.

Num tiroteio contínuo, 30 segundos é um tempo imprescritível, quase eterno. As balas dos fugitivos não acertaram os policiais, mas os descontrolaram. E os que estavam atrás, na caminhonete recém-chegada, ao dispararem a metralhadora sobre os presos em fuga, erraram o alvo e atingiram pelas costas outro policial postado mais adiante, matando-o no ato.

Na confusão, os nove fugitivos entraram de uma só vez num mesmo carro, o Aero Willys guiado por Pedro, que arrancou lentamente com dez passageiros. A chegada das caminhonetes policiais pôs abaixo o planejamento minucioso da fuga e transformou em inútil a equipe mobilizada para a operação de apoio na rua, oito pessoas. Na confusão, não tivemos o que fazer. Num carro que, às 18 horas e 1 minuto, passou pela porta do presídio, a minha missão, com Ciro e Jarbas, era "varrer" a área, no caso de perseguição policial. Nesse momento, os nove já estavam a vários quarteirões, mas a polícia – atrapalhada com a própria vítima que fizera – não sabia para onde ir. No presídio, recém começava a "chamada" de presos, quando só então notariam a ausência. Os vigias das torres viram o tiroteio, mas não podiam deixar seus lugares e avisar. Com seu fuzil automático, o sentinela da calçada continuava acocorado e escondido na guarita, onde se protegeu da metralhadora da própria polícia.

Tudo estava estranhamente em calma. Na porta do bar defronte à penitenciária, Leo, Ferreira e Sílvio simulavam conversar e entenderam o sinal de ir embora. Pelo retrovisor, os vi caminhar lentamente, como alheios viandantes.

3

Sabíamos que a represália seria dura. O Exército controlava a Secretaria de Segurança e a polícia do Rio e se sentia responsável por tudo. A Marinha e a Aeronáutica pressionariam. Dos fugitivos, seis eram dirigentes da Associação dos Marinheiros e Fuzileiros Navais, dissolvida pela ditadura e tachada de "subversiva e comunista". Outro era o sargento Prestes, que encabeçara um levante na Base Aérea de Brasília, ainda no governo Jango Goulart. A área militar tinha razões ou pretextos para exigir uma caçada exemplar, ostensiva e dura.

O estudante Sérgio Cruz, filho de juiz e sobrinho de general da "linha dura", estava acima de qualquer suspeita como nosso mensageiro no presídio. Mas e aquelas meninas estagiárias da Faculdade de Direito, com livre acesso à prisão e que, entre os seios, haviam levado as armas aos presos? Sem elas, nada teria sido possível e era preciso preservá-las. Agora, porém, nos primeiros momentos, o fundamental era despistar o esquema policial e impedir que fechassem as saídas da cidade.

"Os meninos" tinham de alcançar Angra sem deixar rastros. Como, porém, cruzar as barreiras policiais que seriam montadas em seguida, numa vigilância implacável para compensar a desmoralização que a fuga provocava no aparelho repressivo-militar? Como, se só havia uma saída para Angra? De que jeito? Como?

4

Nesse maio de 1969, o Uruguai era ainda um país com uma democracia ampla, que nem a crise econômica e social conseguia desfigurar. Lá estavam asilados o presidente João Goulart, o ex-governador Leonel Brizola, o almirante Cândido Aragão, o coronel Dagoberto

Rodrigues e outros membros do governo deposto em 1964, além de centenas de brasileiros.

Como as demais, a Embaixada do Uruguai ainda funcionava no Rio (não em Brasília) e, mesmo já restringindo a concessão de asilo, quando alguém se julgava perseguido era lá que ia bater. Se não houvesse consulta e acordo prévio, porém, dificilmente o embaixador aceitava agora receber alguém como exilado. Às vezes, até chamava a polícia, como ocorreu com o cabo Arraes, que deu fuga a dois presos políticos do Forte de São João, no meio da baía de Guanabara, e entrou nos jardins da embaixada, no Catete, acreditando que lá o protegeriam, e saiu pelo portão algemado pela polícia.

Aquela lavanderia da Rua Marquês de Abrantes, no Flamengo, fechava tarde e o telefone público ficava na entrada. Fui ao aparelho e disquei o número do gabinete do secretário de Segurança. Na fila, atrás de mim, ficaram Ciro e Jarbas, como se fossem telefonar. Imitando sotaque uruguaio, num português misturado com espanhol, perguntei pelo general Luís de França Oliveira, secretário de Segurança, e disse secamente que era da Embaixada do Uruguai. Eram 18h40, o general tinha saído, mas voltaria "daqui a pouco", respondeu uma voz incisiva, perguntando o que era e explicando que atendia em nome do general.

– Non, non, por favor, é assunto urgente e importante, mas yo falo somente com el general – retruquei, num improvisado e compreensível idioma, perguntando ainda a hora em que eu encontraria o general.

No outro lado da linha, a voz tornou-se tão impaciente e nervosa que nem sequer me perguntou quem falava. Ou quem era. Fiz uma breve pausa, insisti em que o assunto era urgente e pedi que localizassem o general. No gabinete do secretário de Segurança, meu interlocutor impacientou-se ainda mais, continuou cortês e educado, mas levantou o tom de voz:

– Olhe, não sei quando volta o general. Mas eu resolvo qualquer problema. Se é assunto de segurança, e se é o que eu estou pensando, diga-me com precisão do que se trata, que em três minutos eu tenho

46

poder para mobilizar todo o dispositivo policial da Guanabara com toda a força. Todo, ouviu?

Voltei a ser seco e disse apenas "bueno, bueno, bem, bem, aqui en la embaixada temos um problema de umas pessoas...", e ele me interrompeu ansioso:
— São aqueles vagabundos que foram para aí?
— Que vagabundos? Como ustê sabe dessa gente que está aqui? E quem é o senhor? – respondi, também fazendo perguntas.
— Sou o coronel Encarnação, chefe do gabinete do general, e essa gente que está aí é perigosa, são uns criminosos que acabam de fugir da penitenciária. São criminosos, presos comuns, perigosos. Não deixe entrar na embaixada...
— Non, non queremos deixar. Mas eles vão entrar en el jardim e outros están en la rua, en la esquina, muita gente. Mas yo quero falar con el general para ter certeza – respondi.
— Muito bem, embaixador. Aguente um pouco, que a polícia inteira vai para aí protegê-lo desses criminosos. Desligo agora e depois falamos. Positivo?

Promovido à condição de embaixador do Uruguai, agradeci com um "gracias" e ainda pedi:
— Cuidem para non fazer estardalhaço, pois non queremos problema con la imprensa.

Menos de dez quarteirões separam a Rua Marquês de Abrantes da Embaixada do Uruguai, no Catete, e nós três – Ciro, Jarbas e eu – fomos até lá caminhando, mas não foi possível chegar. Já no caminho ecoavam as sirenes das radiopatrulhas. A rua estava cortada e, a cada instante, chegavam mais radiopatrulhas. Um grupo de choque, com granadas, metralhadoras e fuzis, desceu de um caminhão e, ao som de apitos, cercou a embaixada. O coronel tinha dito a verdade: em poucos minutos, todo o dispositivo policial da Guanabara convergiu para o Catete à procura dos vagabundos-criminosos.

No lado oposto da cidade, a saída para Angra dos Reis permaneceu livre sem barreiras. Uns quilômetros adiante, o veículo que conduzia "os meninos" tomou um atalho para chegar ao destino.

5

A ação que quase todos qualificavam de "maluca" tinha se concluído com êxito. Eu próprio tive medo. Mas, de dentro do presídio, Marco Antônio Lima, Avelino Capitani e Antônio Duarte dos Santos, os ex-marinheiros que lideravam o grupo de presos, insistiam na pressa, sob o temor de que, em junho, fossem transferidos para a Ilha Grande, em pleno oceano, de onde seria impossível fugir.

A fuga tornou-se prioritária e Víctor, que conhecia de cor os labirintos daquela prisão onde ficara dois anos, retocou o planejamento inicial para abreviar tudo. As estagiárias e estagiários de Direito levavam e traziam, todos os dias, recados e mensagens dos presos. Em abril, um mês antes, eu me reuni com Carlos Marighella numa cobertura nas Laranjeiras (o luxuoso apartamento de Jorge Miranda Jordão, acima de qualquer suspeita) e lhe pedi uma trégua de "pelo menos" três semanas nos assaltos a banco no Rio, para que pudéssemos atacar a penitenciária. Os assaltos bancários podiam nos criar problemas táticos numa ação de maior envergadura, pois tinham tornado o policiamento mais rigoroso, a repressão mais ostensiva e os policiais mais nervosos. Nós pretendíamos o contrário: uma distensão repressiva para realizar uma operação nitidamente política, que a população compreenderia.

Marighella ouviu em silêncio. Qualificou o plano de "meio infantil", mas concordou com o pedido e perguntou por onde sairiam os presos.

– Pela porta da frente, a única sem vigilância – respondi, e Marighella suspirou, sorrindo.

– Mais do que infantil, isso parece maluquice! – completou. No entanto, reiterou concordar com a trégua e cumpriu.

Tudo dera certo. Mas o pranto de Pedro nos tinha marcado de sal.

6

Quatro dias sem dormir se aguentam, mesmo sob o choque elétrico e os pontapés, sem água, quase sem comer. Estranho, mas nestes primeiros dias no quartel da Barão de Mesquita, mais terrível do que a sala de torturas, ali à direita, junto ao escritório do major, é a espera. Depois de uma "sessão", passamos ao salão maior e nos mandam sentar nuns bancos longos. Na madeira dura relaxamos um pouco, mas já não há sono. Na primeira vez, cochilei, ou adormeci, e me acordei quando me empurravam outra vez para o choque elétrico. Desde então, sempre que me sento na madeira dura do banco, tento controlar o sono. Mas, aí, a espera passa a ser ânsia. Ficamos na expectativa de quando nos virão buscar de novo, quando nos tirarão da madeira dura.

Neste domingo, meu quarto dia de prisão, os policiais do Esquadrão da Morte me tomam depoimento. Eles se movem no quartel com mais autonomia que o pessoal do Exército e, na parede, junto à escrivaninha, duas flâmulas com a caveira negra e a sigla E.M. os identificam. O depoimento é sumário e decido assinar assim como está, mas não consigo. A mão direita não se move. Com a mão esquerda, coloco a direita sobre a folha de papel e a empurro em cada letra, para assinar. Firmada por uma mão inerte e amortecida pelo choque elétrico, minha assinatura está irreconhecível. Eu todo devo estar irreconhecível.

À tarde, gente endomingada, de paletó e gravata, enche as salas de tortura. São tratados com a reverência de visitantes ilustres. Só observam, outras vezes indagam. O major F. me faz desfilar diante deles e, logo, levam-me para a sala contígua e me penduram no pau de arara. De cabeça para baixo, só de cuecas, com os joelhos e o antebraço apoiados na barra de ferro, me içam como um guindaste levantando sacos, mas não chegam a iniciar o suplício.

Da porta, o único visitante sem gravata e vestido de esporte, mais idoso que os demais, dá a ordem sem gritar:

– Esse homem não aguenta o pau de arara. Tirem ele daí, rápido.

O sargento do Exército e os policiais do Esquadrão da Morte respondem com um temente "sim, sim, general" e me descem rápido daquele aparelho simples e terrível. De pé, percebo que conheço aquele rosto pelas fotografias de jornal: é o general Luís de França Oliveira, secretário de Segurança. A seu lado, solícito e serviçal, mas com a segurança de um assessor de confiança, um homem enfatiotado e de óculos, a quem todos tratam igualmente com respeito.

Logo que me devolvem a roupa, os dois me indagam. O general quer saber o "organograma da subversão" e, numa folha de papel, traça quadradinhos que, como conjunto, representam uma pirâmide. No vértice, põe "Marighella – PCBR" e quer saber onde eu estou localizado. O PCBR era uma dissidência do Partido Comunista que, no entanto, nada tinha a ver com Marighella ou com a resistência armada, mas nem tento explicar essa diferença. Para os militares e a polícia, "toda esquerda é igual" e nada os convence do contrário, muito menos um preso torturado e desfeito. Além disso, com a boca inchada, falo com dificuldade e minha voz sai baixa. O general pergunta sem agredir e com decoro, mas está obstinado em sair dali com o "organograma da subversão" e insiste longamente em detalhes e nomes que eu desconheço ou que, para nós, nunca foram importantes.

Extenuado, minha voz torna-se quase inaudível e não consigo modular o tom nem os sons. Irritado, o assessor aumenta o ritmo das caneladas que me dá com o bico do sapato, por baixo da mesa, desde que se sentou. Logo, queixa-se em voz alta:
– General, com essa voz mefistofélica, esse sujeito tá bancando o coitadinho pra nos enganar. Ele tem é que voltar pro pau de arara...
O general olha-o, como dizendo "se alguém manda, mando eu", e se limita a exclamar, firme, como numa repreenda:
– Coronel Encarnação!!

Em seguida, levanta-se e o coronel o acompanha. Permaneço sozinho alguns minutos, tão exausto e esgotado que nem sequer percebo que aquele telefonema da Embaixada do Uruguai tinha estado ali naquela sala, concretamente, em carne e osso.

No esplendor de maio e na queda de agosto.

CAPÍTULO V
Os esquizofrênicos

*A hora ígnea
ficou como seta ou espinho
no coração do menino.*

Lara de Lemos

1

Finalmente dormi. Na noite do quarto dia, dão-me uma cela e eu me deito e durmo pela primeira vez. Apago a luz e me deixo cair sobre a palha do colchão estendido no piso frio, mas o sentinela grita mandando reacender a lâmpada. Deve-se dormir, sempre, de luz acesa, com a claridade sobre os olhos, para que se tenha a sensação de que o dia é interminável e que não há noite nem descanso. E assim durmo. Pelo menos, já não espero mais no banco de madeira dura, naquela disponibilidade de estar desperto. Começo a rezar, mas sucumbo já nas primeiras palavras. Não rezo nem sonho, mas estou no paraíso. Infinitamente, durmo e não quero acordar mais. Só dormir.

Exausto, não sonho. Sinto apenas o peso do cansaço e da culpa. Se sonhasse, seria um pesadelo com a verdade me amaldiçoando. Continuaria a ver Pauleca nu, chorando na inocência dos seus 17 anos, os fios de cobre enrolados nos dedos da mão ou nas orelhas, e ele gritando depois de cada giro da manivela e me perguntando "Por que você me meteu nisto? Por que fez isto comigo e eu não sabia nada?".

Realmente, Pauleca não sabia nada de nada. Mas era tão bom motorista quanto seu irmão mais velho, e naquela noite – minha última e apressada noite em liberdade –, quando ele me respondeu ao telefone que o estudante de medicina Ivan de Lemos estava de plantão no hospital, mas que o jipe se achava na garagem, eu lhe disse que viesse como "substituto". Sim, "vem substituir teu irmão, eu estou aqui com umas gurias lindas e ansiosas; vem logo".

Na cabeça adolescente de Pauleca, essa "guria" – dita assim, com o vocabulário do Sul – talvez lhe evocasse a namoradinha frustrada que ele deixara em Porto Alegre antes de mudar-se para o Rio, e ele chegou rápido àquele endereço nas Laranjeiras. Muitas vezes ele tinha visto o irmão embarcar no meu carro, ou eu embarcar no jipe, e ele próprio repetia, irônico, sabendo que não devia indagar aonde iríamos: "Vão ver o mulherio, não?". Agora, ele acreditou que aquela ironia era mesmo verdade e veio correndo para a sua noite de iniciação de amor e sexo, mas me encontrou sem ninguém, rodeado apenas de sacolas imensas e sacos, muitos sacos vazios.

A primeira reação foi de decepção. Pauleca (ou Paulo César de Lemos, seu nome) me conhecia desde os 4 anos de idade e nunca pensou que eu lhe inventasse uma mentira. Mas logo se animou com essa outra aventura que eu lhe propunha e tocou o jipe para o subúrbio de Pilares, na zona norte do Rio. Lá, as "gurias" estavam no chão, uma ao lado da outra, e enchiam a sala da casa-esconderijo: uns 30 fuzis semiautomáticos M-1, sem uso, comprados a oficiais da Aeronáutica a peso de ouro. Na banheira, Jarbas secava a "Lourdinha", uma metralhadora alemã, troféu da Segunda Guerra Mundial, que recebera um banho de vinagre e óleo para limpar a ferrugem de 25 anos de guardada. Aquilo era mais emocionante, para o adolescente Pauleca, que qualquer menina. Afinal, ele morava em Copacabana e elas estavam à vista ali, de biquíni, quase nuas todo o dia, mas essas armas ele só tinha visto no cinema ou na TV, nas mãos dos soldados norte-americanos disparando contra anciãos e crianças vietnamitas nas aldeias de casebres de palha.

Maravilhado com a surpresa, Pauleca nem se agitou quando o jipe, com o peso das armas, atolou-se no barro da rua sem calçamento, à saída da casa-esconderijo. Ele, que agora também estava na guerra, engrenou a dupla tração e o jipe saiu airoso. Já madrugada, chegamos ao esconderijo da rua Paisandu. As armas saíam de um lugar "perigoso" (por ser conhecido de um dos dois presos no tiroteio com a polícia) e passavam a um ponto "secreto" e, portanto, "seguro".

Eu tinha mentido ao Pauleca e também mentia a mim próprio. Aquele apartamento podia ser "secreto", mas, por estar ao lado da minha residência, jamais seria um lugar seguro. E, naquela madrugada em que descarregamos as sacolas imensas e pesadas, a rua já estava vigiada e meu apartamento invadido há horas pelo Esquadrão da Morte e eu não sabia. De que adiantava saber que os policiais do Esquadrão faziam o trabalho sujo para os militares, se no fundo continuávamos na cegueira de confiar que nossa improvisação – mudando sempre de lugar – bastaria para desarticular o adversário?

E que direito tinha eu de pôr esse menino na dança? E ainda inventando um subterfúgio idiota? Depois do tiroteio em que Víctor caiu preso, estávamos sob a exigência da pressa, obrigados a desmontar tudo em poucas horas, mudar de casa, avisar "os meninos" em Angra, ocultar perseguidos, montar tudo outra vez. Começávamos a estar acuados e fazíamos de conta que apenas tínhamos pressa. Traído pela ansiedade, eu teria me tornado um irresponsável? "Um mentecapto", como já nem se dizia mais? Não. Tudo era a "causa". E esse tudo fazer pela "causa" se tornara uma obsessão, uma razão de viver que nos cegava a tudo mais. Não jogávamos fora a ética, e era por estar nela que fazíamos da "causa" a única causa e consequência de tudo. Mas, ao ser a razão única do nosso mundo, a "causa" nos retirava do mundo e da vida.

Nessa tarde de domingo no quartel, quando o general percebeu que eu já não aguentaria continuar sob tortura, eles obedeceram. Mas aquele homem grisalho e enfatiotado, que no início da tarde acionou com fúria a máquina de choques e agora apenas observava, me empurrou para a salinha ao lado e, triunfante, ainda me preveniu: "Da porrada você se salvou, mas agora vai ver". E eu vi.

Ele nem precisaria ter dito – como disse – "olha aí os teus recrutas", pois ambos estavam nus à minha frente. Pauleca gritava e chorava com os fios amarrados na mão e no braço. Quando eu entrei, deram-lhe uma descarga e seu corpo franzino caiu. "Se não se levantar vai ter mais porrada ainda!", e ele se levantou chorando, me viu e começou a perguntar "por quê?, por quê?", por que eu o tinha enganado. Logo, trouxeram outra máquina e, para mostrar a importância daquele combate com testemunha, o major aplicou pessoalmente o choque elétrico em Ivan. "Agora dói menos ou mais que antes?", perguntou. Deu nova descarga, logo parou e, me apontando, esbravejou: "Este aqui não entra na porrada, só vocês. Viram? Só vocês!".

Consegui articular um breve "estes meninos não têm nada que ver, só eu é que tenho a culpa", mas a manivela do choque seguiu rodando sobre os dois irmãos. Ser forçado a presenciar o suplício, como espectador, destroça mais do que o suplício em si. De simples vítima, passamos a ser vítimas da brutalização da vítima. Nesses quatro dias, o major e sua equipe tinham me destroçado o corpo, mas agora, em poucos minutos, me trituravam a alma. Comecei a tiritar de frio e a me sentir tonto.

2

Acordo com o guarda gritando para apagar a luz. No dia claro, tudo adquire outro tom e significado: o colchão que ocupa quase toda a cela de cimento e, no fundo, uma torneira, um chuveiro e um buraco, que serve de sanitário, são agora o meu mundo e delimitam o meu novo território. A minha cela é a penúltima ao longo do corredor, num grupo de oito ou nove. Onde estará Víctor? Ponho-me junto à grade e pergunto baixinho, mas audível, e ninguém responde. Insisto pelo seu verdadeiro nome e escuto apenas um gemido sem palavras.

O dia foi de trégua. O major passa rápido inspecionando as celas e berra para o soldado: "Olho nestes terroristas!". Com um fuzil automático a tiracolo, o sentinela caminha pelo corredor e grita nervoso "prroipido falarr, non pode falarr" quando algum preso tosse ou balbucia qualquer coisa. O "b" pronunciado como "p" e o som gutural identificam nele aqueles guris-camponeses das zonas alemãs de Santa Catarina, recrutados para as tropas de elite do Exército só porque são muito altos, espadaúdos e fortes.

Eles se impõem pela voz gritona, que faz ranger os dentes e é tão alta quanto os seus 2 metros de estatura, mas o rosto e os olhos brilhantes de gente habituada ao sol revelam uma inocente alma camponesa. Fazem tudo para parecer ferozes e cumprem germanicamente as ordens recebidas. Incumbidos de nos vigiar nas celas, olham e gritam.

Já que o dia foi de trégua, ao final da tarde, polidamente chamei o sentinela:

– *Kommen Sie bitte, Herr Aufseher!*

O soldado atendeu àquele meu "venha cá, por favor, senhor guarda" e, junto à grade, em alemão, perguntou o que eu queria. Tive medo de que todo meu conhecimento do idioma alemão se evaporasse naquela tentativa de degelo e lhe soltei um "Ich habe eine Bitte an Sie", uma forma elegante e refinada para dizer "vou lhe pedir um favor", mas totalmente fora de tom num quartel onde só se grita, e ele olhou espantado, ou maravilhado, até que eu concluí pedindo "eine Zigarette". Eu não queria fumar, mas a única coisa que lhe podia pedir era um cigarro. Ele não tinha cigarro, mas a linguagem da infância levou-o a perder a rigidez. Contou que todos os 50 soldados recrutados em Santa Catarina detestavam o quartel e o Rio de Janeiro e só queriam voltar para a família e a roça, lá no Sul. Daí em diante, com cada novo sentinela "catarina", eu repetia a frase e pedia "zigaretten", até que a vigilância se afrouxou.

Alguns caminhavam para o lado oposto do corredor quando eu me comunicava com os demais presos. Outros me diziam "pss, pss, falar non, non" e aí, então, eu cantarolava para poder contar dos interrogatórios aos companheiros das celas vizinhas e, assim, acertar os depoimentos e evitar contradições ou criar álibis.

Esses rudimentos do idioma alemão, que eu incorporei na infância em Lajeado, em plena região de colonização germânica no Rio Grande do Sul, onde nasci, afloravam agora como se a intimidade do passado me visitasse atrás das grades. Como ocorreu, por exemplo, na troca da guarda naquela tarde em que o soldado Schmidt chegou aflito e teso, olhando para os lados na atitude de quem vigia ou espreita algo perigoso e, aos berros, impôs silêncio aos "prressos". Em seguida, correu para a minha cela, desabotoou a túnica e, na ponta dos dedos, me entregou dois amassados cigarros escondidos debaixo da camiseta.

Logo, aliviado, voltou para o seu posto e recomeçou a gritar "atenzôn, prresos; silenzio, prresos", tão alto e tão rápido que eu nem sequer lhe pude agradecer por esses "zigaretten" que jamais fumaria.

3

Sim, agora sei de quem eram aqueles gemidos! Após um dia inteiro de trégua e silêncio absoluto no quartel, na manhã seguinte abrem a cela contígua para que o preso saia "para depoimento" e ouço a voz do Víctor dizendo que não consegue caminhar. Afinal, ele se apoia nos carcereiros e é levado. Um tempo depois é minha vez. Devolvem-me a calça e a camisa, eu me visto e, ao chegar à sala do PIC, noto um clima diferente. Pela primeira vez um sargento sorri sem sarcasmo e seu superior saúda com um bom-dia e se apresenta:

– Sou o coronel Élber de Mello Henriques e fui designado pelo Comando do I Exército para dirigir o inquérito policial-militar em que o senhor é acusado e pelo qual está preso. De agora em diante, como prisioneiro, o senhor responde a mim, e eu respondo pelo senhor.

Fala normalmente, sem rispidez nem falsa suavidade. O sargento que o acompanha será o escrevente do IPM e, ao começar as perguntas, o coronel interrompe a si próprio:

– Sei de tudo o que lhe fizeram e que tratamento lhe deram aqui. De agora em diante, só eu posso interrogá-lo. Qualquer coisa que lhe fizerem, me avise.

— Acho que o senhor não sabe de tudo o que me fizeram — respondo.
— Sei, sim. Sei de tudo — volta a afirmar, seguro de si mesmo, e começa a tomar meu depoimento. Pergunta minuciosamente sobre as ações armadas, os nomes, a procedência das armas, o porquê de tudo, as intenções dos assaltos a banco.
— Expropriações, coronel. As organizações da resistência armada não roubam, mas expropriam. Nenhum centavo vai para o bolso de nenhum integrante de nenhuma organização. Talvez seja difícil entender, mas isso ocorreu em todas as tentativas de revolução política. Não queremos que nenhum país ou governo estrangeiro financie as nossas atividades...

(Não, não falei neste tom discursivo nem com esta retórica que talvez soe, agora, como se eu tentasse converter esse compreensivo coronel à causa que nós tínhamos abraçado e pela qual entrar de metralhadora num banco não era um assalto, mas um gesto de justiça para tentar recompensar, no futuro, aqueles que nunca tinham entrado nem jamais entrariam num banco, mas que eram escravos dos bancos. Disse-lhe em tom baixo, quase em sussurro. Sussurra-se no amor, naqueles segredos inenarráveis em voz alta e que assopramos ao ouvido durante o abraço. E também no desastre, quando fomos despojados de tudo e só dispomos da saudade do sussurro do amor para acreditar que estamos vivos. Foi assim que falei, em voz baixa, como em segredo.)

Ele ouvia com atenção, às vezes dava até sua opinião pessoal, sem perder, no entanto, o objetivo de apurar a origem e constituição do nosso grupo. Indagava em profundidade, mas sem jamais ameaçar ou sequer insinuar qualquer gesto além das perguntas. Com o coronel, a tortura e a violência desapareciam dos interrogatórios. Em tudo ele diferia do estilo do quartel. Até na farda: ele e seu sargento-escrevente vestiam uniforme comum, com calça militar e sapatos. Em contraposição, o major F. e seus comandados do PIC, com "fardamento de campanha", calçavam borzeguins e levavam a pistola 45 à cintura. Ao interrogar, torturavam porque se consideravam "em combate" e, por isso, os subalternos em "missão especial" do PIC vestiam-se à paisana, como se fosse uma camuflagem, o que era uma forma insólita de um militar se apresentar num quartel.

No final do depoimento, o coronel me explica que seu primeiro ato, como chefe do inquérito, foi mandar que me dessem uma cela que ele mesmo inspecionou na noite de domingo: "Me espantei pelo cheiro forte de urina, mas você dormia e roncava como se nada percebesse". Peço-lhe, então, que me repita o nome, para o caso de ter de avisá-lo de "qualquer coisa", e ele soletra "Élber", explicando: "Soa como dom Hélder, só que com 'b' na última sílaba".

Pronunciar o nome de dom Hélder Câmara sem ódio ou sem galhofa irônica também era insólito entre a direita militar, e muito mais naquele quartel, em cuja entrada o arcebispo de Recife e Olinda aparecia num enorme cartaz – junto a Marighella e Carlos Lamarca – como "os chefes do terrorismo comunista". Ao levantar-se, o coronel deparou-se, junto à escrivaninha, com um estranho objeto de madeira, cravejado de pontas e furos. Agarrou-o pelo cabo, deu-lhe volta e perguntou se o sargento conhecia. Incrédulos, nenhum dos dois se animou a dizer que era uma "palmatória", aquilo com que os velhos mestres-escolas despedaçavam as mãos dos alunos de tanto bater e que foi a pedagogia mais acatada e usual no ensino no Brasil até os anos 1930. Desde a infância eu ouvia falar disso em família. No início do século, minha avó Malvina Hailliot Tavares aboliu a palmatória na sua escola "sem pedir licença ao governo", num gesto tão ousado e inovador que ela – mulher requintada, filha e neta de barões franceses – acabou removida e confinada nos cafundós da zona de imigração alemã do Rio Grande do Sul. Só aí pôde lecionar em paz, sem que os inspetores de ensino a obrigassem a educar arrebentando as mãos da criançada.

Mais de meio século depois, nesse quartel do Rio de Janeiro, usavam a palmatória nos menores de idade ou nos chamados "suspeitos leves", como uma espécie de introdução à tortura. Se não bastasse, passavam ao choque elétrico. Os primeiros gritos daquele menino filho do pastor batista da Tijuca e, depois, do Pauleca vieram da dor da palmatória, como nas salas de aula em que seus avós se alfabetizaram.

4

Com o coronel Élber tudo tinha mudado. Até a sua chegada, toda e qualquer pergunta levava apenas à incriminação do prisioneiro e ao castigo (e o castigo era a tortura) e se destinava, mais que nada, a alimentar o sadismo do interrogador-torturador, mas pouco conduzia à apuração. Ele, porém, era minucioso, indagava para saber, não para castigar. Era impossível não lhe responder e extremamente difícil inventar-lhe subterfúgios, pretextos ou álibis. Mas, sem porrada, com ele nos sentíamos seguros e humanamente protegidos, tratados como gente ou como "prisioneiros de guerra", indagados pelo adversário, mas também por um igual que nada tinha pessoalmente contra cada um de nós e que só divergia da nossa causa, diferente e oposta à dele.

Ao final do segundo interrogatório, o coronel Élber me diz, preocupado, que se vê forçado a "um ato doloroso": mandar prender o coronel Nicolau José de Seixas, seu antigo companheiro na FEB, a Força Expedicionária Brasileira, que em 1944-45 lutou na Europa contra o exército nazista alemão. Mesmo sendo um dos mais notórios heróis da campanha militar brasileira na Segunda Guerra Mundial, Seixas fora afastado do Exército após o golpe de Estado de 1964, acusado de "subversivo e comunista". De nada lhe serviram as medalhas por atos de bravura com que fora condecorado pelos governos da Inglaterra e dos Estados Unidos. O apartamento em que eu fui preso nesse agosto de 1969, no Rio, era de propriedade do coronel Seixas e, nas emergências, nós o usávamos como refúgio em doação, grátis e sem contrato, e isso por si só o incriminava como um "simpatizante" do movimento e implicava a sua detenção.

De fato, ele era mais do que isso. Era um simpatizante ativo e nos tinha doado todo o pequeno arsenal que trouxera como *souvenir* da guerra na Europa, de sabres e fuzis norte-americanos a pistolas italianas e alemãs, além da sua arma de estimação pessoal, a "Lourdinha", como ele chamava aquela impecável submetralhadora capturada dos nazistas. Num entardecer, na casa da irmã, em Niterói, onde ele guardava seus troféus de guerra, Seixas nos entregou todas as armas, enquanto fazia, no pátio, uma fogueira com os papéis, mapas e documentos da campanha militar na Itália.

– Isto já não serve para nada! Eles é que estão mandando! – dizia Seixas, contemplando as labaredas como se fizesse mira numa casamata nazista, convencido de que a guerra ganha na Europa tinha sido perdida no Brasil.

O constrangimento do coronel Élber, que também fora da FEB, em mandar prender seu antigo companheiro de batalhas era evidente e explicável. Bastava um dado: a bravura demonstrada por Seixas na guerra havia chegado ao paroxismo da loucura, só que ele não era louco, mas inteiramente são. Certa feita em 1944, quando os tanques do V Exército norte-americano, paralisados por um avanço alemão, estavam a ponto de recuar e debandar, o jovem tenente Seixas vestiu-se de camponês italiano e, com quatro enormes patos sob os braços, entrou sozinho nas linhas inimigas. Os patos escondiam uma submetralhadora e uma dúzia de granadas, que ele lançou de uma só vez sobre a vanguarda alemã que comandava a contraofensiva. Surpreendidos e sem comando, os nazistas se desarticularam, enquanto Seixas, com seu jeito rural do Sul do Brasil, se mimetizava entre os verdadeiros camponeses italianos. Agora, 25 anos depois, que direito tinham esses oficiais, que faziam a guerra com aparelhos de tortura, de prender e interrogar a quem de fato guerreara num campo de batalha?

5

Mas não era só isso que constrangia o correto coronel Élber. O Exército inteiro sabia que Seixas nunca fora comunista nem subversivo (as razões invocadas para proscrevê-lo como militar), mas o considerava extravagante por ter-se formado em Direito e devorar livros de filosofia e lógica ou por expor em público o que pensava e que nem sempre coincidia com o pensamento hierárquico.

Por ser oficial e bacharel (além de "getulista"), fora nomeado pelo presidente João Goulart como chefe do Serviço de Repressão ao Contrabando e cumpriu à risca a missão. Em 1962, teve informações de que enormes caixotes com geladeiras chegavam a Dianópolis, um lugar sem energia elétrica no recôndito interior de Goiás, e desconfiou de que só poderiam ser armas contrabandeadas pelos atrasados mas opulentos latifundiários da região, que começavam a se mobilizar contra os planos governamentais de reforma agrária. Seixas montou, então, uma operação ao estilo da Segunda Guerra: reuniu uma dúzia de homens de confiança, "decididos e incorruptíveis", e numa madrugada entrou na fazenda à qual chegavam as "geladeiras". Surpreendidos, os ocupantes abandonaram todos os pertences e fugiram pelos matos sem oferecer resistência, e Seixas deparou-se, então, com uma surpresa maior, literalmente estonteante: sem saber, ele tinha desbaratado um campo de treinamento militar das Ligas Camponesas, de Francisco Julião, ou seja, um pretenso "acampamento guerrilheiro" onde, em pleno período democrático, uma agrupação de esquerda preparava a derrubada pelas armas de um governo no qual, pela primeira vez na História do Brasil, havia ministros de esquerda, socialistas ou comunistas.

Na ronda de inspeção, Seixas encontrou algumas armas e muitas, muitas bandeiras cubanas, retratos e textos de discursos de Fidel Castro e do deputado pernambucano Francisco Julião, manuais de instrução de combate, além dos planos de implantação de outros futuros focos de sabotagem. E junto a tudo, uma minuciosa descrição dos fundos financeiros enviados por Cuba para montar o acampamento e todo o esquema de sublevação armada das Ligas Camponesas noutros pontos do país.

O desmantelamento do acampamento coincidiu com a crise política em que o primeiro-ministro Francisco Brochado da Rocha renunciou à chefia do governo e Seixas entregou a documentação apreendida ao presidente da República, e não ao Serviço Secreto do Exército. Jango desdenhou, no início, aquele material pouco compreensível para ele, mas depois – frente à insistência de Seixas – leu tudo. Espantado com a participação cubana direta numa sublevação armada contra seu governo, queixou-se ao embaixador de Cuba, insinuando-lhe que se sentia "traído".

Dias depois, Fidel Castro enviou ao Brasil um de seus ministros, sob o pretexto de propor um acordo energético, e, no Palácio do Planalto, Jango lhe entregou a documentação apreendida em Dianópolis, que envolvia diretamente o governo cubano, para assim demonstrar – num gesto típico do seu estilo conciliador – que dava o episódio por encerrado.

O ministro cubano despediu-se de Jango e tomou um avião da Varig para chegar ao México e, de lá, retornar a Havana. Nunca chegou, porém. Antes de aterrissar na escala em Lima, no Peru, o Boeing caiu e morreram todos os passageiros. A pasta de couro em que o ministro Zepeda levava a documentação foi encontrada entre os destroços e entregue à CIA norte-americana, que divulgou os documentos num carnaval acusatório a Cuba pelas três Américas e pelo mundo. O State Department apresentou os documentos à OEA, inclusive, para acusar o governo cubano de "deflagrar a guerrilha na América Latina".

Num desses fortuitos paradoxos que o destino ou o acaso nos reservam como engrenagem da história, o homem que tinha desmantelado a primeira tentativa guerrilheira da ultraesquerda no Brasil – o paranoico campo de treinamento de Dianópolis – sete anos mais tarde era trazido preso de Brasília e trancafiado num quartel do Rio como guerrilheiro, para ser interrogado por um de seus antigos camaradas de armas na Segunda Guerra Mundial, que admirava a sua bravura. E um de nossos principais homens em Brasília era José Vidal, seu filho adotivo, cabeça do grupo que em 1962 entrou na fazenda em busca dos latifundiários aventureiros e descobriu a esquizofrênica aventura armada das Ligas Camponesas*.

---

* Excluído do Exército no golpe de 1964, o coronel Seixas, já bacharel em Direito, foi meu aluno na Faculdade de Comunicação de Massas da UnB, da qual foi expulso meses após. Anos depois, entrou de novo à Universidade e formou-se em Medicina. Mas nem com a lei de Anistia o herói da Segunda Guerra foi reintegrado à vida militar.

CAPÍTULO VI
Os dois exércitos

*Outros haverão de ter
o que houvermos de perder.*

Fernando Pessoa

1

Afinal, quantos exércitos havia?

Um era o exército do PIC, o Pelotão de Investigações Criminais, permanentemente mobilizado para o terror e a maldade em nome da pátria e da integridade nacional. "Para provar que é patriota, todo brasileiro devia passar pelo pau de arara", bradava pelo quartel o major Meyer Fontenelle, sem ironia nem sarcasmo, convencido de que a ideia era purificadora, uma espécie de vacina patriótica, como as que se aplicam às crianças para prevenir tuberculose ou sarampo. Ninguém se ria ou tomava o dito como caçoada. Eles, por estarem convencidos do que diziam. Nós, porque na pele trazíamos a evidência do que eles proclamavam.

Outro era o respeitoso exército do coronel Élber. A intolerância da guerra fria seria a responsável por essa divisão visível, mas que não fragmentava o todo? Até a Segunda Guerra, em 1939, os instrutores militares vinham da França e os cadetes, fossem de esquerda ou de direita ou de nada, estudavam poesia e história junto com cálculo algébrico ou balística. O exército pós-guerra fria tinha formação norte-americana, pragmática e superficial, e incorporara às técnicas de combate o deleite de queimar choças com crianças e anciãos, como naqueles dias no Vietnã.

O paradoxal nisso tudo é que o exército que nos parecia estranho e inexplicável era o do coronel Élber. Na pausa de um interrogatório, certa vez ele me disse baixinho, como se confessasse uma paixão proibida, que "também gostava de escrever" e tinha um livro sobre a campanha na Itália, publicado pela Biblioteca do Exército. Noutra tarde, quando uns 20 gerentes e caixas de bancos expropriados (ou assaltados) foram ao quartel para "um reconhecimento", vendo-os nervosos no momento em que nós, os presos, chegávamos para ser postos frente a frente com eles, o coronel os acalmou. "Fiquem tranquilos porque estes moços não são bandidos nem criminosos, nem vingativos. São idealistas, ainda que equivocados", lhes disse.

O coronel, no entanto, não tinha nenhuma ingerência no quartel. Às 4 ou 5 da tarde, ele e seu sargento-escrevente voltavam para casa e o ambiente outra vez se sobrecarregava de medo até a manhã seguinte. Sem poder nos torturar de novo, a equipe do PIC treinava tiro ao alvo num carreiro junto às celas, madrugada afora, sem pausas, para nos aterrorizar. Os novos presos, em averiguação inicial e que ainda não respondiam a inquérito, eram torturados à noite e, aos poucos, nos habituamos a identificar, pelos berros, o tipo de tortura: o breve "ai" da palmatória, o grito seco do choque elétrico, o gemido doloroso do pau de arara.

Com o meu dinheiro, agora sob a sua guarda, o coronel Élber mandou comprar pente, escova e pasta dental para todos os presos do nosso grupo e isso me abriu, literalmente, um oásis de autoestima naquele mundo abjeto do quartel-prisão. Cuidar dos dentes passou a ser um rito religioso praticado com unção e, ao levar a escova à boca, eu dizia a mim mesmo, em voz alta, como um consolo compartilhado pelo meu mundo de 2 metros quadrados: "Já que perdemos a liberdade, salvemos os dentes!"

E me sentia gratificado, como se salvar os dentes fosse a minha salvação total.

2

Não só nós, mas também o pessoal do PIC notou que tudo tinha mudado e, para provar que o exército deles é que tinha poder, decidiram iniciar um inquérito paralelo para poder dispor dos presos. O comando do I Exército que se danasse, mas jamais poderia impedir que o PIC exercesse "as atribuições do regulamento", dizia o major Bismarck, de paletó e gravata, argumentando como um rábula astuto, enquanto nos chamavam de novo para "depor". Era a madrugada do 18º dia de prisão e, ao nos tirarem das solitárias, sonolentos, nos levaram num grupo de quatro para o que parecia ser uma acareação.

Puseram-nos em fila e ouvi então, pela primeira vez, a expressão reverencial com que o corpulento Bismarck tratava a maquininha de choque elétrico: "Doutor Volts".

– Bota o "Doutor Volts" direto neles – gritou, como se naquela noite fosse o dono do quartel.

Dias antes, quando minha mãe conseguiu quebrar minha incomunicabilidade e me visitar, Bismarck e Fontenelle vieram cumprimentá-la com respeito, fizeram que ela almoçasse comigo no quartel e, na sala do comando do PIC, mandaram servir-nos almoço de oficial: bife, arroz e feijão com saladinha. Antes, enquanto ela esperava, Fontenelle mandou que eu me barbeasse e me trouxe aparelho e lâmina. À saída, sorridente e amigável como um cavalheiro atencioso na impecável fatiota de alpaca escura, Bismarck frisou com seu acento pernambucano: "Não se preocupe, senhora. Vamos cuidar bem do seu filho aqui!".

Agora, descarregam de novo sobre nós o "Doutor Volts", aquela máquina em que sobressai uma inscrição em relevo, "*Donated by the people of United States*" e, logo abaixo, a insígnia da Aliança para o Progresso, com duas mãos entrelaçadas.*

Dão-me duas descargas fortes e eu permaneço de pé, sem cair. Tremo, mas quase não há dor. Na terceira, os fios enrolados na orelha, volto a tremer e grito, mas em verdade sinto apenas um arrepio. Todos estranham que eu não caia, e eu próprio me surpreendo por não cair. Antes de retornar à cela, o sargento me apalpa o pescoço

---

* Em português, "Doado pelo povo dos Estados Unidos", como os tratores enviados pela Aliança para o Progresso.

e os braços e grita, mostrando o dedo manchado com a crosta de sujeira da minha pele: "Ele tá mais imundo que um tatu".

O cascão tinha me protegido, atuando como um impermeabilizante à condução elétrica. Nos quatro primeiros dias, sob o furor do choque elétrico, a cada instante eu caía e rolava no chão sujo e me emporcalhava ainda mais com as patadas dos borzeguins, que, não sei por que, fediam a bosta de cavalo. Nesse tempo todo, porém, eu jamais havia tomado banho. Corpo limpo é vestígio de liberdade e, nas várias vezes em que o major Fontenelle insistiu em que eu me banhasse, inventei pretextos e intuitivamente me neguei. Ele quer que eu pense que estou livre – raciocinei –, pois um homem livre é um homem limpo. Mas sou um prisioneiro e permanecerei imundo. Ele quer que eu tenha o prazer de um banho, mas neste quartel-prisão eu me nego ao prazer.

E, assim, a sujeira me salvou. Voltei à cela e, inesperadamente vitorioso, acariciei o meu cascão.

3

A primeira bicicleta. A primeira comunhão. O primeiro beijo. Para a mulher, o primeiro homem. Para o homem, a primeira mulher. Ou o primeiro salário do primeiro trabalho. Ou, então, a primeira letra escrita para compor a primeira palavra no primeiro caderno de escola: eu escrevi "o", logo "v" e quando compus "ovo" senti-me no turbilhão do mundo adulto aos 6 anos de idade.

Insuperável e inesquecível tudo. Mas eu ouso dizer que nada disso teve o poder e a emoção da primeira metralhadora. Da nossa primeira metralhadora, aquela Ina de fabricação nacional, elegante e dobrável, que o gauchão Chagas, o negrinho Mariano e eu desenterramos em 1965 de uma chácara em Brasília, onde fora escondida após o golpe militar. Daí até 1967, ela viajou quase pelo Brasil inteiro, indo e vindo de norte a sul, emprestada a outros grupos combatentes, ali e acolá. Primeiro, Víctor subiu com ela de Brasília ao Maranhão para chegar a Imperatriz, nossa primeira tentativa de foco guerrilheiro em 1965, nos idos do Movimento Nacionalista Revolucionário (MNR), quando Brizola – no exílio no Uruguai – era ainda o eixo político da rebelião, antes de renunciar à ação concreta e voltar à convencionalidade da profissão de político, que ele tinha levado nossa geração a execrar. Depois, quando evacuamos os focos de Imperatriz e Marabá, Ivo guardou-a numa caixinha e, sozinho, entrou com ela num ônibus na Belém-Brasília para trazê-la de volta para casa. Na estrada, à noite, vislumbrou uma barreira de inspeção policial e seu desconhecido companheiro de assento, nervoso e em pânico, lhe confessou que trazia de Belém umas garrafas de uísque escocês e meia dúzia de relógios Rolex, logicamente falsificados, e que agora o seu lucro de meses "iria pro brejo".

– Trocamos de pacote. Você fica com o meu e eu fico com o teu. Deixa comigo que eu resolvo na lábia – propôs Ivo, e o desconhecido aceitou.

Os policiais deviam estar cansados, ou procurariam outra coisa, e entraram no ônibus, olharam as caras dos passageiros, perguntaram ao motorista "tudo bem?" e mandaram continuar a viagem.

Em Brasília, guardei-a no fundo falso da parede dupla do meu escritório e, logo, a Ina foi ao Rio Grande do Sul e na volta parou em São Paulo, emprestada ao pessoal do ex-sargento Onofre Pinto, que lá comandava o MNR. Nesse ir e vir, o transportador era Ivo, que, como bom gaúcho, levou-a aos pagos para animar os conterrâneos, muito decididos e muito corajosos, mas que relutavam, então, em se engajar na luta armada. Ele tinha uma vantagem sobre todos os demais treinados em Cuba: não estava processado na Justiça Militar nem era procurado como "subversivo" e, assim, usava em público o próprio nome e identidade. Só entre nós ele era "o Ivo". Além disso, no Sul ele tinha outros privilégios, que pôs à prova quando desembarcou na Estação Rodoviária de Porto Alegre, cercada pela Brigada Militar, com um sargento e três soldados inspecionando cada ônibus, cada qual empunhando uma Ina igual à que ele levava no bagageiro.

Taciturno, Ivo falava pouco, mas sabia agir, e desceu de mãos vazias, mostrando a carteira de identidade: "*Armando Vargas Dias, filho de Armando Prates Dias e...*", leu o sargento em voz alta e, logo, reverente, pediu-lhe mil desculpas "pela amolação", sorriu e ainda lhe fez um pedido:

— Peça ao seu "velho" pra nos dar um aumento, pois o soldo tá muito baixo!

O "velho" era o todo-poderoso secretário de Segurança do Rio Grande do Sul, lacerdista convicto, e Ivo entrou de novo no ônibus, buscou o pacote que havia "esquecido" e saiu da rodoviária com a Ina sob o braço, protegido pela Brigada Militar, que, naqueles dias, iniciava uma "caçada geral à subversão".

Com nossa primeira metralhadora, centenas aprenderam ações relâmpagos, mas nos orgulhávamos repetindo o lugar-comum de que era uma arma limpa, "nunca usada contra o povo". Era "limpa" também em outro detalhe: não tinha numeração nem insígnia como toda arma militar, nem o cano fora raspado para apagar a procedência. Tinha sido fabricada para a segurança do presidente da República, nos anos 1950, e Gregório Fortunato, "o negro Gregório", chefe da guarda pessoal de Getúlio Vargas, presenteou-a ao seu conterrâneo Chagas, um daqueles serviçais honestos que no Rio e em Brasília acompanharam as intimidades de dois presidentes da República e permaneceram probos e pobres.

Com a queda de Jango em 1964, Chagas a enterrou envolvida em plástico grosso* e, um ano depois, quando ela surgiu ao fim de uma hora de escavação, nos alegramos ansiosos como no primeiro beijo. Quatro anos depois, quando uma bala trancou-se no cano e ela engasgou nas mãos ágeis de Víctor, a velha Ina nos trouxe a primeira derrota.

---

* A Ina fora enterrada em Brasília, na chácara do deputado trabalhista Ruy Ramos (morto num acidente aéreo em 1962 no Rio Grande do Sul), cujo filho, que conhecia o local exato, presenciou também a "exumação".

4

O fetiche manda mais que o diabo; o feitiço, mais que o feiticeiro. Mas o estudante de medicina Ivan de Lemos não pensou nisso nem sabia disso naquela tarde em que voltaram a torturá-lo na minha frente e ele – no quinto dia contínuo de choque elétrico e pau de arara –, já em delírio, exclamou ofegante uma frase incoerente e totalmente fora de tom:

– Meu orixá preto velho, meu pai de santo, tira de mim este peso!

Imediatamente, o sargento torturador largou a máquina de choque elétrico, retrocedeu uns passos, olhou-o atônito e, amedrontado, gritou com voz trêmula:

– Para com isto. Para. Por favor, não me ameaça. Eu tenho mulher e dois filhos. Para. Com umbanda, não, por favor!

Em seguida, ainda trêmulo, o sargento Thimóteo mandou tirar as algemas e recolher o preso de volta ao xadrez, com ordens de que não o incomodassem mais: "Este aí agora é com o major. Eu não toco mais nele", completou.

O fetiche, esse instrumento de poder sobrenatural que só tem poder porque nos convencemos de que tem poder, era mais poderoso que a tortura e o poder total do torturador.

5

O major não tinha medo de orixá, mas, pelas dúvidas, poupou Ivan do choque elétrico e resolveu nele exercitar algo mais artesanal, o "telefone", aquela série de pancadas secas (mais que tapa e menos que soco) dadas com a mão aberta sobre os ouvidos do prisioneiro. O "telefone" entontece e, por instantes, nos deixa surdos e aparvalhados, com um redemoinho apitando nos ouvidos. Todos nós o experimentamos. Alguns ficaram com a audição diminuída; outros, definitivamente surdos, com lesão no tímpano.

Aquele "telefone" aplicado em Ivan à nossa frente, porém, foi diferente de todos. Alto, tostado de sol, olhos verdes, um típico rapagão gaúcho morando na zona sul do Rio, Ivan recebeu o primeiro golpe seco de longe, com o braço do torturador estendido. Os tapas continuaram, o torturador cada vez mais perto, mais perto, até encostar a cara na cara de Ivan, o corpo no corpo de Ivan, sempre lhe dando mais golpes, cada vez unindo mais rosto com rosto, quase beijando a vítima, cheirando-lhe o pescoço, como se aquilo não fosse tortura, mas o êxtase do torturador estuprando o prisioneiro pelos ouvidos.

Naqueles longos minutos, olhos esbugalhados, respiração arfante, tocando com a boca a boca da vítima, o torturador não pôde esconder que buscava o paroxismo. De pronto, estremeceu como se chegasse à ejaculação, àquela simples ejaculação que um homem tem com alguém que não ama e que só lhe molha as cuecas e em seguida produz asco. Ou arrependimento. Ou pena.

E o torturador tirou o rosto do rosto da vítima, desprendeu-se dela, deu um passo atrás e, logo, avançou e lhe deu um estrepitoso tapa na cara.

Ivan gritou um "ai" e o major mandou que "todos os presos" fossem recolhidos ao xadrez.

E saiu atônito, rápido, para enxugar a cueca.

6

Roubar fios de cobre da rede elétrica atenta "contra a segurança nacional", mas esses marginais que, por isso, foram trazidos presos para o quartel nunca ouviram falar em segurança nacional, nem sabem o significado disso, e choram como crianças quando a equipe do PIC aciona o "Doutor Volts".

Enquanto me interroga, o major manda assustá-los: dois sargentos põem sobre eles um jacaré, um filhote de bicho que, no cimento, tem os olhos baços como um preso, e eles gritam e gritam, espavoridos. O pessoal do PIC ri a gargalhadas, menos o major, que nunca ri. O sargentão Thimóteo põe então o jacarezinho sobre mim e eu lhe dou um manotaço, intuitivamente, até sem me dar conta do que estou fazendo. O bicho cai nos pés de um dos ladrões de cobre e a correria é tanta que todos eles saltam em círculos, como tontos, e a sala se enche de pó.

– Ordem no recinto! Vamos trabalhar! – brada o major, e o sargento põe o pequeno jacaré outra vez num canto, atrás da escrivaninha.

7

O major se enfurece porque eu não posso explicar o que ele quer saber: quem são as três pessoas que me acompanham nessa fotografia apreendida na casa da Magdalena? Há três dias eles insistem e eu repito que não sou eu. O mais terrível nesses interrogatórios dominados pela irracionalidade é quando se é absolutamente inocente e nem sequer se pode inventar ou fantasiar contando uma mentira verossímil, pois se é alheio a tudo. O personagem da foto é magro como eu, testa ampla, mas não é eu. Eles, porém, estão convencidos do contrário, habituados a que a aparência das coisas baste para definir a coisa em si.

Só não sou massacrado porque nesse fim de tarde chegam ao quartel três homens à paisana, bem vestidos, e, antes de me deixar a sós com eles, o major lhes mostra a fotografia e, com enfado, lhes diz que eles conversarão "com um pilantra que chega a negar que é ele nesta foto!".

Eu ainda não sei quem são esses homens, mas arrisco tudo e insisto em que observem a fotografia, que passa de mão em mão e cada um dá o veredicto: o homem da foto é outro, não eu. O nariz é diferente, também a cabeleira, os lábios e as orelhas. Sinto-me aliviado, mas passo a temer esse trio, que, em segundos, percebeu o que o pessoal do PIC não conseguiu ver em vários dias.

A um canto do salão, para começar uma descontraída conversa, um deles me acende o cigarro que me oferece e fala mal do pessoal do PIC: "Nós não somos brutos como esta gente! Aqui todo mundo é da Cavalaria!". Os dois acompanhantes sorriem com desdém ao ouvir "Cavalaria" e se juntam ao que se comporta como "o chefe". E começa uma conversa em que fazem perguntas vagas e até absurdas. Por exemplo, se Samuel Wainer e o jornal *Última Hora* recebem dinheiro do "judaísmo internacional".

– Você tem que saber disso. Judaísmo e comunismo, ou "nacionalismo" como alguns gostam de chamar, andam sempre juntos, e é dinheiro de um e trabalho de outro – diz o "chefe", amontoando perguntas, mas sempre afável. Todos se esforçam para mostrar-se educados ou, até mesmo, "interessados" na minha situação. Depois, dizem que só eles, "e mais ninguém", podem "melhorar" a minha situação quando o meu processo chegar à Justiça Militar, que qualificam de "muito branda".

– Tão branda, que dias atrás aquela fulana lá de Niterói foi condenada só a dois anos e merecia no mínimo quinze! – explica um deles e, logo, comenta a seu companheiro:

– Ah, se você conhecesse essa filhinha da puta, judia e comunista fanática do MR-8, judiazinha idiota e metida a besta, que assaltou dois bancos em Niterói e qualquer dia vai estar na rua em liberdade...

Afinal, o que aparenta ser o chefe do trio diz que vai "abrir o jogo": o que querem, mesmo, "é saber do cofre do Adhemar". O que havia no cofre? Quem o levou?* Fazem mil indagações, que eu respondo com outras tantas hipóteses, seguindo o raciocínio do que me perguntam. Ao final, sugerem que eu pense com calma, "pondo a cabeça a funcionar direitinho", mas não diga nada no quartel "a ninguém". E, quando houver coisas a dizer e eu quiser falar, que os chame.

Evidente que são do SNI, mas me calo. "Para nos achar, diga ao major que quer falar com '**a comissão**' e ele nos avisa", explica

---

* Em meados de 1969, a VAR-Palmares tomou o palacete da família Benchimol, em Santa Teresa, no Rio, e de lá retirou um cofre-forte no qual dona Ana Capriglione Benchimol guardava mais de 2 milhões e 500 mil dólares em cédulas lá deixadas por seu amante, o já falecido governador de São Paulo Adhemar de Barros, que se fez famoso pelo seu lema político "ele rouba mas faz" e tinha sido um dos mentores civis do golpe de Estado. Na época, essa soma tinha um poder aquisitivo quase vinte vezes superior ao atual.

o aparente chefe, que me deixa de presente o seu maço de cigarros Minister, pela metade.

Por que tamanho interesse do SNI por algo que – à exceção dos autores da façanha – ninguém conhecia o significado?

8

(E o outro exército? Passaram-se 30 anos para que eu voltasse a saber do coronel Élber de Mello Henriques. Em outubro de 1999, ele e a esposa compareceram ao lançamento, no Rio, da 1ª edição deste livro e, outra vez, reconheci a sua integridade. Com mais de 80 anos de idade, reformado no Exército, ele continuava como coronel, sem jamais ter obtido a promoção a general, mesmo sendo um oficial-modelo, com todos os cursos de Estado-Maior, e membro dos institutos militares de Geografia e História, além de ser um herói da campanha da FEB na Segunda Guerra Mundial, sobre a qual escreveu um livro, publicado pela Biblioteca do Exército. Essa punição branca – mas direta – só podia explicar-se pelo relatório que enviou ao comando do I Exército, no Rio, logo após o sequestro do Embaixador dos EUA, em setembro de 1969, denunciando como "atos indignos da vida militar" as torturas perpetradas no quartel da Rua Barão de Mesquita, além do "aparente assassinato de um prisioneiro". Afastado em seguida da direção do inquérito, nunca mais recebeu qualquer posto de comando.)

CAPÍTULO VII
Descalço no banquete

Quem quer passar além do Bojador
tem que passar além da dor.

Fernando Pessoa

1

Como naqueles acessos de fúria, em que o louco esperneia e berra, mas oculta as loucuras mais profundas, subitamente o quartel tem um acesso de legalidade e descobrem que, pela lei, eu tenho direito a prisão especial. Voltam a me aplicar o "Doutor Volts", mas – "por ser advogado, jornalista e professor universitário" – no 20º dia sou transferido para uma cela ampla no piso superior, com cama e banheiro com chuveiro elétrico. Para quem dispõe apenas de um colchão de palha no cimento e um buraco no chão como sanitário, um progresso. O major tem um olhar voluptuoso quando me dá a notícia: "Você vai se deitar nos lençóis perfumados pela Frida e pela Dulce e vai sonhar com as mulheres".

Percebo, por isso, que ambas já foram soltas e que continua a obsessão em torno à relação dos presos com as mulheres. Frida fora detida por ter sido minha namorada na juventude e morar no Rio, e o interrogatório do major se concentrou em saber como nos beijávamos e se fazíamos sexo. "Ou apenas se masturbavam com as mãos, um ao outro?", me indagou textualmente, ansioso e frisando ao escrevente que isso não constaria no depoimento, mas era importante "para saber como é essa gente". Dulce fora trazida presa de Brasília por ser namorada de Jorge de Miranda Jordão, em cujo apartamento no Rio eu me refugiei no meu último dia em liberdade.

Ambas são bonitas, louras, olhos claros, e o major se obsessiona mais ainda: "Vocês são todos do Che Guevara", berra, pondo-se uma boina de guerrilheiro, "e todos nacionalistas e socialistas, mas só procuram as bonitas. Que socialismo ou comunismo é este?".

Em meio à tragédia, rio: como se não bastasse a atomização da resistência em dezenas de grupos, agora o major nos fragmentava ainda mais com esse socialismo de mulher feia e de mulher bonita...

2

A minha solidão na nova cela, em meio aos lençóis "perfumados de mulher", quebrou-se, porém, no segundo dia com a chegada de outro preso, um circunspecto quarentão de óculos, de Juiz de Fora, em Minas, mas detido no Rio. Conta pouco de si próprio e só diz que foi preso "por vingança do general, um problema pessoal".

E, preocupado, repete várias vezes: "Uma vingança do general, coisa pessoal!".

Sondo e percebo que ele nada sabe de qualquer organização da resistência. Indago-lhe a profissão e me responde que é físico, o que faz crescer meu interesse. Intuo que ele é um desses pesquisadores alheios ao quotidiano mas compreensivos ou sensíveis e, de imediato, conto-lhe minúcias das torturas e do choque elétrico e sua única reação é me informar da voltagem: "São 200 volts. Se a máquina não tem pilha, é choque de 200 volts!".

Ter alguém com quem conversar me alivia. Para deixá-lo à vontade, no início tento relacionar tudo o que digo com os fenômenos físicos, mas noto que minha pobre sabedoria profana não lhe interessa. Como ele me garante que tem "outros amigos importantes na área militar" e que, assim, sairá logo da prisão, busco aproveitá-lo para divulgar as catacumbas do terror no quartel. Falo mais do que ele e, de fato, não lhe dou tempo de me explicar as suas pesquisas. Talvez por isso ele me pareça impenetrável, esfíngico, e de tudo o que narro ele só tira uma conclusão na manhã seguinte, quando me exclama: "O senhor é profundamente católico".

Digo-lhe que meus guias são Cristo e Marx e ele parece não entender com exatidão o significado do segundo nome: "Vi que era católico quando se persignou ao deitar-se, e confirmei quando você disse 'meu Deus' três vezes seguidas. Só os muito católicos dizem 'meu Deus' três vezes juntas...", completou.

Achei-o engraçado, ri e ele também riu, e iniciávamos essa cumplicidade de rir por qualquer coisa quando eu indaguei em que universidade ele pesquisava ou lecionava física.

– Nenhuma universidade me aceita. Eu refutei a Lei da Relatividade e demonstrei que Einstein está errado. Agora estou escrevendo outro volume provando que a relatividade einsteiniana é um erro total e que o cosmos é uma sucessão implícita dos tempos gravitatórios, a que se chega pela lógica dos números, sem necessidade de equações matemáticas.

– Como você concluiu isto? – insisti, sobressaltado.

– Eu sou contador diplomado, tenho um escritório de contabilidade e me dedico à física somente para refutar Einstein. Meu único problema foi ter usado o nome do comandante da guarnição de Juiz de Fora para conseguir uns clientes, uma bobagem, pois eu nem conheço o general, só usei o nome dele...

Desnorteado, insisto em saber se, em verdade, sua única atividade profissional é a contabilidade.

– Sim, sim, faço a contabilidade de várias firmas e, também, me dedico a refutar a Lei da Relatividade, mesmo sem divulgação, coisa, aliás, na qual já nem estou interessado! – explicou, com ar queixoso de superioridade e desdém.

No dia seguinte, o contador que refutava Einstein foi levado a Juiz de Fora, sob escolta especial, enquadrado na Lei de Segurança Nacional por ter usado em vão o nome do general.

3

A nova cela não me exime de novos interrogatórios e ameaças por parte da equipe do PIC e, em plena madrugada, passo a ser acordado com um grito – "*Flávio Tavares*" – vindo do térreo. É a ordem para me buscarem. Em seguida, ouço o barulho do cadeado, a porta se abre e vêm me levar. Esta mudança brusca do estado letárgico do sono para o despertar muscular do choque elétrico, ou até do simples interrogatório, é uma violência em si mesma. Saio desse mundo em que não estou no mundo – o mundo do sono e do sonho – e entro à força num mundo onde jamais quis estar: o mundo da ameaça e da tortura.

Outras vezes, escuto meu nome gritado lá de baixo, mas não me vêm buscar e permaneço numa interminável espera. Com o tempo, percebo que chamam o "cabo da guarda" e não a mim, mas o grito rápido – com a cadência das sílabas – soa como se fosse o meu nome ("*Flávio Tavares*", "*cabo da guarda*"), e basta o som para eu me eriçar.

Assim, quando entendo que berram "cabo da guarda", me acalmo. Logo, porém, o cadeado ruge, a porta se abre e me levam a outro interrogatório na madrugada. Buscavam a mim mesmo, não ao cabo da guarda.

4

O Centro de Informações da Marinha, Cenimar, tem fama de tétrico e perfeito, e para lá me levam num Fusca, algemado e descalço, mas eu nem chego a pensar nisso, tal é a minha euforia ao ver de novo gente na rua, os prédios da avenida Presidente Vargas e o centro da cidade ou, de soslaio, as águas da baía de Guanabara. Entro pela porta principal do Ministério da Marinha e todos me olham no saguão repleto de gente. No elevador, apenas eu e os meus três "guardas" em trajes civis e engravatados, enquanto a turba aguarda paciente, sem reclamar. Como não almocei, levam-me a um salão luxuoso, com lustres de cristal e uma comprida mesa vazia, em cuja toalha de linho branco há vestígios de que os comensais saíram faz pouco.

Sou o único à mesa imensa. Um garçom de luvas brancas põe à minha frente dois pratos de bordas douradas e seis talheres de prata. Serve-me água num cálice de cristal e traz pãezinhos torrados e tabletes de manteiga, apetitosos mas inúteis, pois as algemas me impedem de juntá-los para levar à boca. Os aspargos da entrada são fáceis de comer, mas é difícil cortar o rosbife do prato principal.

Uniformizados e solenes à minha frente, os dois garçons cruzam os braços e olham por baixo da mesa, petrificados ou hipnotizados pelo surrealismo da cena: minhas mãos estão algemadas, meus pés descalços, imundos, com uma sujeira preta que contrasta com meu rosto branco e pálido, mas almoço como um príncipe. Ou um almirante.

Depois, espero e espero num cubículo com três máquinas de telex que, de tanto em tanto, recebem mensagens. Sozinho, fico tentado a me levantar da cadeira e ler o que dizem – serão os tais agentes do Cenimar espalhados pela cidade? –, mas desisto com medo de que me vigiem. A tediosa longa espera me faz chegar sem defesas ao interrogatório: sentado a uma mesa com dois ajudantes, o almirante Júlio Bierrenbach me interroga sobre a fuga da penitenciária, o Movimento de Ação Revolucionária e os ex-marinheiros e fuzileiros que "já estão nisto" desde os velhos tempos do MNR. A indagação é minuciosa, mas sem violência e os interrogadores não vestem farda. Em função do que eu digo, um dos ajudantes ouve a fita de um imenso gravador e passa o audiofone ao almirante: estão cotejando meu depoimento com o de outros presos e cada vez me sinto mais encurralado.

Caio em contradições e apelo para o "não me lembro". O ajudante, um capitão de tez clara, antipático e organizado, consulta um fichário, volta ao gravador e cochicha ao almirante, que se irrita com minhas respostas, mas não passa da descompostura verbal. As perguntas minuciosas me levam a reconstituir o que se passou em Angra dos Reis após a nossa prisão. Durante três dias, uns 700 homens, dois batalhões da infantaria naval – cada um por um lado – cercaram o nosso acampamento, e os dez aprendizes de guerrilheiros deram os primeiros tiros e, logo, saíram da área por uma brecha. A Marinha continuou a batalha, um batalhão disparou contra o outro e eles se mataram entre si. Tiveram pelo menos um morto e 20 feridos, alguns graves. Dos nossos, mancando por uma bala na perna, o jornalista e ex-marinheiro Pedro

Viegas foi capturado longe da área, ao pedir comida e se barbear num vilarejo.

Para a Marinha, as operações em Angra dos Reis tinham sido um fiasco. Além das tropas terrestres de fuzileiros, meia dúzia de helicópteros, alguns deslocados da Base Aeronaval de São Pedro d'Aldeia (ao norte do Rio, no lado oposto àquilo que eles fantasiaram de "área de guerrilha"), com o apoio de duas fragatas pelo mar, significavam uma mobilização de guerra total que, no entanto, não tinha podido capturar uma dezena de homens armados apenas de fuzis leves. Para nós, porém, esse fiasco não servia de consolo e tudo fora um desastre: desfazia-se aquilo que, a longo prazo, poderia transformar-se em núcleo de irradiação da resistência. Passávamos a ser nada. Apenas gente em debandada. Ou prisioneira, como eu e outros mais.

Quanto ao que digo, o almirante e seus ajudantes se irritam: "Você está mentindo!". (Jamais lhes contarei que os fuzis M-1 que "os meninos" usaram em Angra lá chegaram nas mãos daquele soldado da Polícia Militar carioca, da nossa célula de Mallet, em Campo Grande.) Procuram apertar-me em pequenas contradições ou deslizes. Bierrenbach levanta a voz, grita até, mas se comporta como um almirante, com a altivez de um adversário. Numa das pausas, um de seus ajudantes se levanta e me diz:

– Eu estava lá naquele sábado e vi tudo o que te fizeram no quartel do Exército. Nós estamos te tratando como gente digna e não como você foi tratado no Exército. E você está tentando nos enganar!

Interiormente, suo, mas tento raciocinar friamente, encontrar subterfúgios, escapar ao tiroteio de perguntas. Para evitar que o calor suba à cabeça e me desfaça o raciocínio, conto apenas com o frio dos meus pés descalços, quase gélidos. Cada vez é mais difícil continuar esse duelo verbal contra um adversário inteligente, numeroso e melhor equipado. Subitamente, porém, eles consultam os relógios e trocam cochichos que terminam em voz alta: eu tenho de ser "devolvido ao quartel" antes da noite. E interrompem o interrogatório. Sou um preso do Exército e a rivalidade entre as duas forças joga a meu favor. Fui cedido à Marinha com hora marcada para devolução e sob a condição de que não me tocassem. Só o PIC, de quem sou uma espécie de propriedade, pode fazer de mim o que quiser.

Ileso, sem um empurrão, retorno ao quartel e sussurro a mim mesmo que prefiro o terror boçal do PIC àquele polido interrogatório da Marinha, que não me tocou o corpo, mas do qual saí desfeito. No quartel, já tinham servido o rancho e não jantei.

O banquete da Marinha fora tão perfeito e indigesto que tudo me doía sem ter apanhado.

5

Acordo na madrugada com ruído de marcha, sirenes e ordens de comando (aqueles berros em que os sargentos transmitem aos soldados os berros recebidos dos oficiais, aos quais gritou o general) e, da janelinha da cela, diviso a tropa formada no pátio. O quartel está de prontidão, ninguém explica por quê. Só dois dias depois, pelo rádio do cabo da guarda, ouço a proclamação dos ministros do Exército, da Marinha e da Aeronáutica informando que assumiram o poder como Junta Militar, no impedimento do general-presidente Arthur da Costa e Silva. Que nome darão a isso? Em 1964, o golpe de Estado virou revolução. Em outubro de 1965, chamei o Ato Institucional n º 2 (que apenas ampliava o n º 1) de "golpe no golpe" e os militares se eriçaram. Em 1968, o Ato 5 oficializou a ditadura. Agora, nesse 1969, seria sua absoluta militarização?

Com a prontidão, reduzem a visita da minha mãe a rápidos 15 minutos, tempo suficiente – no entanto – para que ela me conte que "o filho do tio Aleixo teve um derrame cerebral" e perdeu a fala e a consciência:

– Nós temos até que ter pena. O problema é que eles estão nervosos. Tu sabes como eles são!

Vigilante do encontro, o tenente Duque nem se interessou por aquela prosaica notícia de doença "em família" que minha mãe não recebera de nenhum parente, mas ouvira pouco antes no gabinete do comandante do I Exército, general Syseno Sarmento, onde ela acudiu para renovar a licença para me ver.

Tio Aleixo de fato não era tio, mas primo da minha avó materna, Olívia Silva Porto Freitas, ambos falecidos há dezenas de anos, e minha mãe perdera o contacto com os primos distantes lá da serra do Taquari, no Sul. Tinha intimidade apenas com um deles, o mais velho, mas nesse parentesco longínquo em verdade só se consideravam amigos. Do filho mais moço do "tio Aleixo" ela só tinha vaga ideia "da farda branca de cadete", lá em Taquari, uma vez em que ele veio em férias da Escola Militar. Depois, dele perdeu a pista e só no golpe de Estado de 1964 soube que Arthur da Costa e Silva, general, ocupou o Ministério da Guerra no Rio e se autoproclamou ministro do Exército.

O filho do "tio Aleixo" ensarilhou as armas de tal forma que, depois, fez-se presidente da República "eleito" por um Congresso em que a opinião castrense pesava mais que a civil-popular. Prometeu uma "abertura" e até chegou a tentá-la, mas – tragado pelo monstro autofágico que ele próprio criou – desembocou no Ato 5 e, desde então, mesmo nas funções, perdeu o poder. Minha mãe nunca o viu nem falou com ele e esse distante e desconhecido parentesco jamais foi esgrimido, nem sequer apontado para tentar aliviar qualquer das três prisões que sofri após 1964. Nem eu mesmo me lembraria da situação, não fosse o estratagema usado por ela para despistar a censura do tenente vigilante e, na prisão, me contar um segredo que o país só conheceu dois dias depois.

Aos 70 anos, os cabelos grisalhos da minha mãe tinham-lhe dado uma desenvoltura tal que, sem conhecer ninguém no Rio, viajou do Sul e chegou até o intransponível gabinete do general Syseno Sarmento, logo que a minha prisão se fez pública. Depois de dois dias de espera, o general a recebeu de pé e foi dizendo que ela não poderia me ver.

– Por quê? Ele foi tão torturado que não pode ser visto? – perguntou incisiva, mas sorrindo.

– Não, não é isto! – respondeu o general, encabulado, sem esperar tal pergunta, e, minutos depois, ela recebia a ordem de visita, quebrando minha incomunicabilidade.

Minha mãe tinha esse tipo de reações rápidas. Dezenas de anos antes do ecumenismo do Concílio Vaticano II, na minha infância, lembro-me de quando o pároco de Lajeado, a nossa cidadezinha, então dividida entre católicos e protestantes, ameaçou-a com o fogo do inferno porque ela levara duas amigas luteranas para ajudá-la a decorar a imagem do Senhor Morto, a ser exposta na igreja durante a Semana Santa.

– Padre, me diga: há Deus protestante e Deus católico? – perguntou ela.

O padre Leopoldo Loch, embasbacado com a inesperada polêmica teológica, deu-se por vencido.

No Rio, agora, com a prontidão, os quartéis se enclausuraram e ela teve de voltar ao Comando para renovar a autorização de visita. Conhecendo já os labirintos do Palácio da Guerra, onde havia passado dois dias de sala em sala, sem querer ouviu em primeira mão os cochichos sobre a trombose ou o derrame cerebral do presidente.

6

O "catarina" de sentinela me diz pelo postigo da porta: "O seu tio faleceu". Pergunto o que significa isso e ele traduz ao alemão e explica que também não sabe, mas é o recado que os presos da cela contígua me mandam. Na cela coletiva, ao lado, Ivan e Pauleca descobrem que podemos falar pelo tubo da instalação elétrica e, como têm rádio, me avisam que Ho ChiMinh, o "tio Ho", morreu neste 3 de setembro de 1969 em Hanói. Era esta a mensagem mandada pelo sentinela.

Um guerrilheiro que morre placidamente é porque já chegou ao poder. Não demora muito, termina a guerra do Vietnã, raciocinei, como se estivesse lá, vitorioso, e não aqui, humilhado e atrás das grades. E era como se a morte em glória do "tio Ho" compensasse a nossa vida vã de derrotados.

CAPÍTULO VIII
COM A MORTE NA PELE

*Se é verdade o que o meu juízo alcança,
naufrágios, perdições de toda a sorte,
que o menor mal de todos seja a morte.*

CAMÕES

1

Anoiteceu cedo e rápido no inverno frio deste 4 de setembro de 1969 no Rio de Janeiro. Já é noite escura ao redor das 6 da tarde, quando me vêm buscar para outra vez mudar de cela. Os guardas estão agitados, há correrias, vozes e gritos no piso térreo, mas, também pudera, há razões para isso: o embaixador dos Estados Unidos foi sequestrado horas antes, à tarde. Eles não sabem que eu sei. Desconhecem que o rádio do posto do cabo da guarda – defronte à minha cela – funciona sem parar e que por ele, ao acaso, ouvi todos os noticiários. O embaixador foi sequestrado em Botafogo, perto da própria embaixada, e, como resgate, os sequestradores exigem a libertação de 15 presos políticos e a divulgação de um manifesto deixado no carro do diplomata.

Tiram-me da cela especial. O guarda que me vem buscar está agitado, tão ansioso e dispersivo que não percebe na saída que, pela grade da cela coletiva, ao lado, Pauleca me dá um minúsculo rádio de pilha, que enrolo na toalha. Desço a escada e espero. As duas salas de tortura estão vazias, luzes apagadas, e toda a iluminação se concentra no salão grande em que os oficiais e sargentos à paisana (ou seja, camuflados para o combate) se misturam ao major, sempre de farda, num ir e vir constante às solitárias do fundo, que conheço tão bem. Com a máquina fotográfica na mão, um sargento volta das celas queixando-se do flash. Quem estarão fotografando?

Finalmente, levam-me outra vez em direção às solitárias comuns. Saio do salão iluminado e entro num corredor escuro, insolitamente escuro neste fim de mundo em que, antes, se mantinha a luz sempre acesa. Nesta meia dúzia de passos, passo da claridade feérica do salão à escuridão total: não enxergo nada quando entro na cela e tropeço em alguém que ali dorme no chão, em pleno início da noite. A porta da cela se fecha e volto a tropeçar, e agora meu pé direito descalço toca a cabeça, e a cabeça pende para o lado e sinto algo estranho que não sei explicar.

Agacho-me e, de cócoras nos únicos centímetros disponíveis nesta cela de 2 metros por 1, pouco a pouco a retina se adapta à escuridão e vejo à minha frente um corpo inerte. Raciocino rápido, com a lógica de quem conhece a prisão: é alguém desfeito pela tortura que dorme e dorme no cansaço do suplício. Não me animo a tocá-lo para não o despertar, mas instintivamente levo a mão à frente do seu nariz e da boca aberta, e noto que não respira.

Ele não dorme. Está morto.

O vulto toma-se cada vez mais nítido, à medida que a retina se adapta à escuridão e a claridade da lua penetra pela fresta do alto da cela. Para ter certeza de que é o que eu penso que seja, toco-lhe o braço, logo o peito sob a camisa xadrez. Debruço-me sobre ele: um fio de sangue, já coagulado, escorre da boca aberta, menos aberta, no entanto, que os olhos arregalados de espanto com que ele me olha sem poder me enxergar naquela escuridão que, para ele, agora é absoluta e definitiva.

O cadáver no piso à minha frente, em diagonal sobre o colchão, é de Roberto Cietto. As lâmpadas continuam apagadas e nas celas vizinhas o silêncio é total. Tudo é como se fosse uma tumba e eu também fosse um morto, não apenas uma testemunha da morte. Sento-me quase sobre mim mesmo no cantinho da cela e começo a sentir frio. Tento rezar, mas o frio impede que eu me concentre. Protejo meus pés descalços no colchão em que Cietto está estirado, morto, e sem querer lhe toco o braço e o rosto que pendem para o meu lado. Para me aquecer tenho tão só o corpo frio e morto de "Simão", como nós o chamávamos pelo nome de guerra que ele próprio escolhera. Tirito de frio e transpiro, ao mesmo tempo, e o suor goteja sem calor, como gelo que se derretesse dentro de mim.

Sinto-me paralisado. Um torpor e um vazio tomam conta de mim. Não penso nem raciocino. Ele está morto como um morto mesmo: estirado no chão. Eu estou morto de cócoras, como um vivo, e cada vez distingo mais os traços do morto à minha frente, no escuro.

2

Esta é a segunda vez que fico frente a um morto. Na primeira, tinha 15 anos e toquei a face do meu pai, estendido no caixão na morgue de Porto Alegre, na tarde tórrida do penúltimo dia de 1950. Minha mãe mandou que eu o beijasse e meus lábios tocaram uma testa fria, quase repugnantemente gélida: meu pai tinha ficado horas nas gavetas frigoríficas do necrotério, à espera da chegada da família. Em nossa cidadezinha, nós o esperávamos para a festa de ano-novo, mas ele morreu antes, do seu primeiro e único enfarte, em viagem, no ônibus em que ia ao nosso encontro. Os telefones eram precários – quanto mais se gritava, menos se ouvia – e a notícia de que ele morrera "no meio da estrada" nos chegou como se fosse um acidente e o imaginamos despedaçado, desfeito ou mutilado. Muitas horas depois, quando encontramos o corpo inerte mas intacto, foi como senti-lo resgatado.

Frente ao meu pai inesperadamente morto, senti a impotência da adolescência, que se julga viril, sapiente e forte, mas que não é nada. Quase 20 anos depois, frente ao corpo de Simão, senti-me o derrotado absoluto: tinham me posto ali porque já não podiam me torturar de outra forma que não fosse a da própria morte, pois é a morte própria que se sente quando se é impotente para evitar a morte alheia à nossa frente. E este morto nem sequer me era alheio, mas, ao contrário, muito próximo. E aqueles gritos de tortura que, na tarde, se filtravam do piso térreo às celas do segundo andar eram as dores de Cietto, assassinado ali na cela de prisioneiro, não sei com que requinte ou perversidade, mas ali mesmo exterminado como um inseto incômodo.

3

Não sei quanto tempo fiquei ali, sozinho junto ao corpo. Algumas horas? Alguns minutos? Alguns séculos? Perdi a noção do tempo. Por sua vez, o silêncio tornou tudo ainda mais longo ou tétrico: nem sequer um zumbido de mosca, daquelas varejeiras enormes que espreitam os cadáveres. Nada! Nas celas vizinhas, só uma ou duas vezes o pigarro nervoso de um preso rompeu o silêncio e me mostrou que não estavam vazias. Até o sentinela tinha deixado de vigiar o corredor e eu já não ouvia agora o passo cadenciado das suas botas, como dias atrás, quando estive nestas solitárias.

Por que me trouxeram a esta cela? Para torturar-me sem me torturar? Sim, mas por que me fazem testemunha do crime? Desejarão que eu me habitue ao morto e à morte, como uma espécie de pré-aviso? Não, isso é tão sofisticado como hipótese que não condiz com eles, com a explosiva brutalidade deles!

A retina e a claridade da lua transformam a escuridão em penumbra e eu posso observar com nitidez os traços de Cietto, a mão estendida ao longo da camisa xadrez, a outra curvada sobre o corpo. O seu rosto, em vida tranquilo, tem uma expressão de pavor, acentuada nos olhos esbugalhados, fora de órbita.

Terá sido asfixiado ou enforcado? Tenho medo da cena que vivo, mas não sinto asco nem temor ao morto e nele procuro marcas ou cicatrizes e nada encontro. De súbito, vozes, passos e uma ordem a gritos: "Nas celas, todo mundo de costas, no fundo e olhando para a parede". Logo, a minha cela se abre. Mandam que eu "vá para o fundo", para a latrina, e olhe para a parede. E eu vou para o fundo, mas olho de soslaio e vejo estenderem no chão um lençol branco. Um sargento empurra o cadáver com o pé, outro com as mãos e o corpo de Cietto entra no lençol como uma criança que se enrola numa rede de adulto.

Da porta, a voz de aprovação do major: "Assim, assim mesmo!".

Envolto num lençol, levam o cadáver e, entre o espanto e o alívio, balbucio o Padre-Nosso, do início ao fim, com uma unção que não tive sequer na mais pura religiosidade da infância. Logo, acendem as luzes e mandam que, nas solitárias, voltemos à normalidade...

Arrumo o colchão e, a um canto da cela, descubro um sapato. Só um pé. Chamo o sentinela e lhe entrego o pé de calçado. "É daquela pessoa que acabaram de levar daqui", lhe digo.

Cietto estava morto há muitas horas, mas eu continuava a tratá-lo como uma pessoa viva. Talvez porque seu cheiro persistisse na cela. Talvez porque eu me sentisse mais morto do que ele, que já nada poderia sentir. Faz frio, eu me enrolo numa toalha e me deito no colchão sem lençóis, o colchão em que encontrei Cietto morto.

E adormeço no cansaço de estar vivo e consciente.

4

Onde e como terão capturado Cietto? Jamais saberei. Os indícios e os dados esparsos que obtive fazem supor que ele foi literalmente estrangulado ao negar-se a responder a qualquer pergunta – inclusive o nome – pouco depois de chegar preso ao quartel. Após os primeiros choques elétricos, o magro e ágil Cietto abriu a boca, sim, abriu a boca com força e cuspiu na cara do major. A partir daí, permitiram tudo contra ele. Como continuou em silêncio, foi algemado e trancafiado na solitária e lhe apertaram o pescoço com um cinto, talvez o próprio cinto, para obrigá-lo a falar ou só como tortura mesmo. Num "acidente", foram além dos limites e chegaram ao estrangulamento e à asfixia.

Assim, nessa simplicidade do horror, Roberto Cietto – ou "Simão" – transformou-se em mártir. Negro e pobre, sem profissão definida, ele, o mais simples de todos os nossos, que aos 19 anos de idade – quase imberbe e recém-chegado do interior de São Paulo – foi condenado no Rio a 20 anos de prisão como ladrão de automóveis". Na Penitenciária Lemos de Brito, esse ladrão de carros que mal sabia assinar o nome é reabilitado pelos presos políticos, todos ex-marinheiros: aprende de fato a ler e escrever, e lê tudo o que lhe chega às mãos, e – mais que tudo – livros e revistas políticas que, contraditoriamente, em plena ditadura entram ao presídio.

Os ex-marinheiros (condenados como "subversivos" após o golpe militar por terem se rebelado, no final do governo João Goulart, contra o tratamento recebido da hierarquia naval) tinham formado na penitenciária uma das nossas células mais ativas no Rio. Os panfletos contra a ditadura, por exemplo, eram impressos no presídio, na única tipografia que jamais seria vasculhada pela polícia. E, nas festas juninas, os detentos soltavam balões que, ao arder no ar, faziam cair sobre a cidade milhares de volantes com críticas à situação econômico-social.

Recuperado, Cietto integrava essa célula e foi um dos dois detentos comuns que se incorporaram à fuga do grupo de presos políticos. Ficou um mês no acampamento em Angra e, depois, veio ao Rio para tratamento médico, somando-se ao grupo de combatentes urbanos.

Do seu tempo de menino delinquente comum conservava como herança um ódio visceral à polícia e ao poder. Por isso, nem sequer disse o nome e só abriu a boca para cuspir na cara dos que o torturavam.

CAPÍTULO IX
O COMPADRE COM FUZIL

O destino é maior que a morte.

GLÁUBER ROCHA

1

Oito horas após o sequestro do embaixador dos Estados Unidos, a Junta Militar aceitou publicamente libertar os 15 presos políticos e, por volta da meia-noite, o locutor oficial – reconhecido em todo o país pelo vozeirão com que transmitia cerimônias governamentais e desfiles militares – leu pelo rádio e televisão o manifesto da ALN e do MR-8. Logo, o próprio governo acrescentou que estava à espera da lista de presos. A essa hora, eu dormia – desfeito por tudo o que vivera, pouco antes, nessa cela que ainda cheirava a morte – e só na manhã seguinte, pelos presos que tinham rádio, soube da posição oficial.

O sequestro do embaixador criou um impacto tal que a Junta Militar não pôde controlar a imprensa nem o rádio e a televisão. O comando conjunto da ALN e do MR-8 compreendeu que o seu porta-voz teria de ser o próprio diplomata e que os meios de difusão eram seus "aliados naturais". Assim, os jornais é que receberam as cartas do embaixador Charles Burke Elbrick – que em verdade eram comunicados dos sequestradores – e, depois, as passaram ao governo. Era impossível, portanto, censurar o provedor de informações do próprio governo.

Ao ligar o pequeno rádio de pilha recebido ao sair da cela especial, percebi que os noticiários só falavam do sequestro. Duas ou três celas à minha direita, Jorge de Miranda Jordão, que tinha relógio, gritava a hora e apontava a posição – "no 600 em onda média daqui a um minuto..." – e lá íamos ouvir baixinho as informações. Jorge fora preso, ou sequestrado, pela polícia uruguaia em

Montevidéu, a pedido do Exército brasileiro, e no seu bolso encontraram uma passagem da Air France para Paris, que acabou por salvá-lo. Explicou que, como eu me refugiei em seu apartamento, amedrontou-se com a minha prisão e resolveu observar de Paris o rumo dos acontecimentos.

A versão era verdadeira e condizia com a imagem de *bon-vivant* e grã-fino que dele tinham todos em São Paulo e no Rio, mas não era exata. Ele (que em São Paulo dirigira a *Última Hora* e a *Folha da Tarde*) iria à França, logo a Cuba, para especializar-se em "imprensa clandestina" e aprender como fazer um jornal nos subterrâneos e quase sem máquinas.

Sequestrado no hotel em Montevidéu pelo delegado Otero (famoso como policial "matador de Tupamaros"), foi levado à fronteira com o Brasil e oficialmente "solto" no lado uruguaio da ponte que une os dois países, junto à cidade gaúcha de Jaguarão. Cruzou a pé e, ao atingir o lado brasileiro, foi preso.

Trazido ao Rio, na chegada ao quartel sentiu o clima tétrico e foi logo dizendo ao major:

– Não me bote a mão que eu sou bisneto do Duque de Caxias!

O major indagou sobre o parentesco, ele explicou que o pai era Lima e Silva pelo lado materno e, assim, o nome do patrono do Exército o salvou da tortura e lhe deu, ainda, a regalia de não lhe tirarem o relógio, que logo foi fundamental para que acompanhássemos os noticiosos. Tido como playboy, Jorge teve, no entanto, um comportamento exemplar na prisão. Perspicaz, conseguiu fazer com que só o indagassem sobre suas relações comigo, uma amizade de muitos anos que ele explicou em detalhes. Não há dúvida de que teve a ajuda do "organizador e insigne patrono do Exército", como os livros militares tratam o Duque de Caxias. A verdade, porém, é que o mínimo deslize de Jorge, até mesmo involuntário, teria revelado ao Exército a profundidade das relações entre Marighella e um grupo de frades dominicanos do convento de Perdizes, em São Paulo, e que constituíam um dos principais sustentáculos da ALN.

Nacionalista, mas com aparência de aristocrata liberal (não era de esquerda, muito menos católico), a amizade pessoal com um frade o levou a assumir tarefas delicadas e intransferíveis, como o contacto entre o convento e Marighella ou o transporte do líder da ALN entre São Paulo e Rio. No apartamento de Jorge na capital paulista, reuni-me com Joaquim Câmara Ferreira, "Toledo", o segundo homem na ALN, um comunista dissidente aberto e afável, que se maravilhou com a adega do anfitrião. Por coincidência, horas antes, Jorge tinha ouvido no rádio o decreto que suspendia meus direitos políticos por dez anos e resolveu afogar as mágoas pela cassação do amigo ao redor de um litro de uísque escocês, num longo brinde com "Toledo", que – há anos na clandestinidade – já estava desacostumado ao álcool e quase se afundou num porre ameno e inesperado.

Tudo o que ele comigo deveria conversar ou acertar desviou-se para a alegre descontração com o anfitrião.

2

Quando, minutos antes de "Toledo", cheguei ao apartamento, Jorge recebeu-me à porta, preocupado com a notícia da cassação de meus direitos políticos, ouvida minutos antes na *Voz do Brasil*. Reagi de forma oposta: a cassação me liberava para as tramas da conspiração da resistência, me tirava travas e freios. Minucioso, Jorge tinha anotado a lápis os nomes de outros "cassados" na lista daquele anoitecer, todos "absolutamente desconhecidos" para ele. O nome que se seguia ao meu, no entanto, me chamou a atenção: Herbert José de Souza, o "Betinho", pessoa afável mas calada, de nascimento mineiro e hemofílico, o que o fazia ainda duplamente mais discreto. Poucos sabiam que era um dos principais dirigentes da Ação Popular (AP) na clandestinidade e tinha voltado ao Brasil meses antes, depois de ter estado longo tempo no Uruguai e na Europa desde o golpe militar de 1964.

O que eles saberiam de Betinho? Teriam alguma pista daquelas viagens a partir de Montevidéu, nos primeiros 18 meses após o golpe de Estado, quando Brizola o enviou a Cuba em busca de solidariedade ao trabalho de resistência à ditadura? Betinho tinha trazido a primeira ajuda concreta, em dinheiro: dólares enviados por Fidel Castro, nenhuma quantia descomunal, apenas alguns milhares, suficientes para pôr em prática as tarefas iniciais de organização. Na primeira parcela, 50 mil, que o próprio Betinho trouxe consigo, no bolso, seguida de outras remessas mais de 100 a 200 mil dólares. Tudo como "contribuição solidária e sem nenhum tipo de compromisso político" a não ser a ajuda em si.

Naquele primeiro ano e meio após o golpe, a AP era o suporte ideológico e doutrinário de Brizola no exílio. Além de Betinho, estava em Montevidéu o goiano Aldo Arantes, que fora presidente da UNE e tinha transferido a sede dessa entidade do Rio de Janeiro para Porto Alegre na crise da renúncia de Jânio Quadros, em 1961, quando Brizola desencadeou a "Campanha da Legalidade" pela posse do vice-presidente João Goulart. Desde então, Aldo se tornou um dos próximos mais próximos e Brizola o tratava com profunda admiração. Betinho era uma espécie de seu irmão siamês, preocupado com as subtilezas doutrinárias dessa organização (a AP) que nascera da JEC e da JUC, no ventre da Igreja Católica, mas que encontrara na "plus-valia" do marxismo o caminho terreno para estar ao lado dos oprimidos.

Betinho terá ido sozinho a Cuba? Ou Aldo Arantes o acompanhou discretamente naquele terceiro trimestre de 1964, quando tudo era ainda discreto no exílio do Uruguai e incerto no Brasil, naquela confusão de não se saber se o regime militar seria tênue e passageiro ou se enveredaria por uma ditadura sem subterfúgios e sem refúgios.

Afinal, o que saberiam eles de Betinho para suspender-lhe os direitos políticos? Parte da ajuda financeira inicial de Cuba ficou com a AP, não só com o MNR de Brizola, mas isso era explícito apenas entre poucos. Eu estava entre esses poucos (por intuição ou por dedução, não por ter sido informado) desde aquela noite de abril de 1965 em que me encontrei com Aldo Arantes num restaurante em São Paulo e ele, que vinha clandestino do Uruguai, me entregou uma cédula de 100 dólares. Na época, com a moeda brasileira superdesvalorizada, isso era uma boa quantia para suprir parte das despesas que já começávamos a ter em Brasília com o alojamento de duas dezenas de perseguidos políticos, na maioria ex-marinheiros e ex-fuzileiros navais, alguns ligados ao "brizolismo", outros – a maioria – diretamente à AP.

O mais provável, porém, é que nada soubessem de Betinho, como nada sabiam de mim, e que ele houvesse entrado na lista de suspensão de direitos políticos naquela avalanche de buscar nomes, em que qualquer alcaguete de província sugeria os que lhe vinham à cabeça "por ouvir dizer", ou por lembrar-se das disputas dos tempos de juventude ou dos desafetos pessoais.

Se, porém, soubessem algo do pouco que eu sabia, já seria suficiente para que nos alarmássemos.

Betinho viajou a Cuba via Europa e tomou o avião no aeroporto de Ezeiza, em Buenos Aires, onde o tráfego era intenso e o controle, brando, burocrático apenas, mesmo com os militares no poder na Argentina. Na volta, ao apresentar o passaporte – não sei se o próprio ou com outro nome – nervoso com o que trazia, saltaram do seu bolso dois ou três maços de dólares, que caíram ao chão. O funcionário viu, mas não se preocupou. Pelo contrário, aquela dinheirama toda dava status ao passageiro recém-chegado, numa época em que não havia cartão de crédito e os ricos andavam, mesmo, era com dinheiro no bolso.

Não comentei nada disso com Jorge, muito menos com "Toledo", para quem essas coisas não deveriam ter muita importância. Por um lado, "Toledo" vinha de uma família tradicional e oligarca de São Paulo, que não devia se importar com essas pequenezes. De outro, ele era um ex-comunista, politicamente criado na visão "bolchevista" de desprezar esses legalismos de "pequeno-burguês", como se dizia na época. E a "legalidade" da ditadura, com seus atos ou decretos cassando direitos, em verdade eram tão só vestígios da "legalidade burguesa" que o regime militar desfraldava para tapar o que era de fato. Calei-me, portanto.

3

No VW Karmann-Ghia de Jorge, duas ou três vezes Marighella – o homem mais procurado do Brasil – viajou do Rio a São Paulo. Numa delas, a polícia rodoviária os interceptou na estrada por excesso de velocidade e Jorge, sem dar tempo, abriu o porta-luvas, sorriu e pôs nas mãos do guarda um pacote de maços de cigarros ingleses, não apenas uma dádiva ou gorjeta, mas símbolo de status tal qual aquele carro desportivo que corria a 130 quilômetros por hora. O guarda agradeceu sorrindo e ainda avisou o lugar dos outros postos de controle, ocultos nas curvas da Via Dutra.

O próprio Jorge levou Marighella para encontrar-se comigo em seu apartamento no Rio, para eu lhe falar do assalto à penitenciária, e, como deixara o carro em São Paulo, nessa noite pediu emprestado o automóvel do diretor de um jornal carioca. Na saída, o carro apagou num sinal, sem bateria.

– E agora? – perguntou Marighella, aflito.

– Você desce e empurra que o carro pega! – respondeu.

Ajeitando a peruca que usava como disfarce, o homem procurado pelos quatro cantos do país desceu e empurrou o veículo junto com um guarda de trânsito que passava pelo lugar.

Ágil ao volante, Jorge tomou tão a sério a missão de motorista que deixou tudo e me levou em seu Karmann-Ghia de São Paulo ao Rio Grande do Sul, entre outras coisas para uma reunião clandestina no seminário dos jesuítas, em São Leopoldo, com meia dúzia de padres estudantes de teologia que não suportavam a asfixia terrenal da ditadura. Logo à saída de Porto Alegre, correu tanto que não pôde desviar de um lento caminhão que cruzou a estrada: na batida, a minha porta se abriu e eu voei para o outro lado da pista e quase fui atropelado por outro veículo. Na queda, feri-me no braço e na perna e fui levado a um posto de urgência médica.

Chegamos ao seminário atrasados, já à hora do jantar, e o promotor do encontro, o dominicano frei Betto (albergado pelos jesuítas no Sul, depois que o Dops farejou seu apartamento em São Paulo), nos olhou estupefacto quando entramos ao refeitório: Jorge todo encabulado e eu chamando a atenção, com a cara cheia de mercurocromo, como uma bandeira vermelha.

4

Até o bisneto do Duque de Caxias entregou o rádio quando o cabo da guarda passou pelas celas, afoito, cumprindo as novas ordens do major, na tarde do segundo dia do sequestro do embaixador. Eu, porém, tinha ouvido o berro – "recolha todos os rádios dos presos" – e, fingindo que dormia, respondi com um sonolento "nn... nnn" ao soldado que indagava se eu tinha aparelho. Rápido, escondi o radiozinho sob o colchão.

Pouco depois escutei a "edição extraordinária" com a lista dos prisioneiros a serem libertados: Gregório Bezerra era o primeiro, logo os líderes estudantis, o ex-sargento Onofre Pinto e, em seguida, eu próprio.

Ao ouvir o meu nome, desliguei o rádio e – sem conhecer o restante da lista – comecei a gritar como um louco, chamando o cabo da guarda, e lhe entreguei o aparelho. Intuitivamente, queria evitar atritos e problemas.

Uns minutos após, ouvi aquele sargento gorducho, especialista em aplicar o "Doutor Volts", perguntando o nome dos presos de cada cela. Numa delas, após a resposta inaudível, escutei:

– Ah, você é o Ricardo Zarattini? Tá tudo bem? Se precisar de alguma coisa, avise!

De imediato, passou sem parar pelas outras solitárias e, sorrindo, postou-se à minha grade.

– Como vai a vida, Flávio? – perguntou iniciando uma conversa breve e amigável.

Deduzi que Zarattini, vindo de São Paulo dias antes, também estava na lista e que a nova política era nos tratar bem.

5

Ao iniciar o turno de sentinela, o soldado Fuchs (tão astuto quanto o nome, "raposa" em alemão) contou que os oficiais estavam raivosos, mas "também orgulhosos", pois este era "o único quartel com dois presos nessa história do embaixador". Ao final da tarde, o major me sondou: e se, "por acaso", eu fosse incluído na lista? Respondi com evasivas – "nem penso nisto!" –, simulando desinteresse.

Comecei a me preocupar. Fazia mais de um dia que o embaixador fora sequestrado e passavam já várias horas desde a divulgação da lista, mas ninguém me comunicava que eu seria libertado. Nos meus cinco anos como comentarista político em Brasília, tinha aprendido que as desavenças entre "duros" e "brandos" nas Forças Armadas escondiam diferenças ainda mais profundas que as dos "dois exércitos", que eu comprovei na caserna. E se os "duros", que incentivavam o isolamento dos quartéis cultivando aquela ideia de que o "grosso" e insensível era o militar perfeito, decidissem nos fazer reféns do refém central, o embaixador?

Lembrei-me de uma frase do "Sérgio Macaco", meses antes, e fui invadido por uma aflita apreensão:

– Os paranoicos estão dominando e mandando nas Forças Armadas!

"Sérgio Macaco", o capitão Sérgio Miranda de Carvalho, fundador e comandante do Parasar, o grupo de busca e salvamento da FAB (especializado em socorro em casos de acidentes e catástrofes), dizia muito mais do que isso naquelas reuniões de 1968 no apartamento do brigadeiro Eduardo Gomes, na praia do Flamengo. Ali, os liberais do governo debatiam como paralisar um demoníaco plano terrorista da extrema-direita da Aeronáutica, que tentou literalmente dinamitar e incendiar a cidade do Rio de Janeiro e, logo, pôr a culpa de tudo nos "comunistas subversivos", para ter com isso o pretexto de perpetrar um "banho de sangue com matança geral" na área da oposição. O coordenador do plano – diabolicamente perfeito – era o brigadeiro Burnier, chefe de gabinete do ministro da Aeronáutica, que cometeu, por sorte, um erro crasso: convocou o Parasar para incendiar a cidade e "Sérgio Macaco" negou-se a cumprir a ordem e denunciou tudo.

Assustado com a abrangência do plano e sem saber, ainda, se seria possível evitá-lo, o senador Daniel Krieger, um honesto liberal, velho amigo e conterrâneo, segredou-me detalhes da denúncia e mandou que eu me cuidasse dos "paranoicos".

– Até eu posso ser alvo deles! – disse-me Krieger, o mais prestigioso político do governo, líder do partido e da bancada parlamentar oficialista.

E se, agora, algum desses "paranoicos" – que continuavam em seus postos – resolvesse mandar mais que a Junta Militar? Poderiam, por exemplo, dizer aos sequestradores: "Preparem-se para matar o embaixador, pois nós vamos matar os 15 presos". E a matança geral que o brigadeiro Burnier e outros tentaram em meados de 1968 se concretizaria em setembro de 1969. Só o pretexto seria outro e a intensidade do banho de sangue talvez menor.

Tenso, sob a luz incandescente do calabouço, consigo dormir apenas na madrugada. No quartel – sempre barulhento – o silêncio é tanto que até interrompe o sono.

6

Se este sábado fosse um 6 de setembro convencional, à hora em que me acordo a tropa já estaria se preparando para o desfile do dia seguinte, atividade em que a caserna investe um ano inteiro de esforço. Agora, no entanto, sem marchas nem tambores ou clarins, o silêncio mostra que estão à espreita de alguma coisa. Muito cedo, tiram-me da cela para "um banho de sol", apesar do dia nublado. Também Zarattini.

Conversam com cada um de nós, sempre separados. O tenente Duque Estrada serve cafezinho e, com o major, amigavelmente indaga sobre a minha vida. Quer saber como eu entrei "nisso":

– Um jornalista importante como você, colunista político de prestígio, como foi se meter com essa marinheirada bagunceira? E, antes, com um desordeiro como o Brizola? Se você fosse do Partido

Comunista, ainda se explicava. Os intelectuais são todos comunistas! – diz, todo afável.

Para provar sua "isenção ideológica", o tenente me informa que aquele pessoal preso em Campo Grande foi solto há tempos, pois "só são comunistas e com comunista não subversivo se pode tratar". A cortesia verbal contrasta, no entanto, com os cartazes manuscritos espalhados pelas paredes anunciando que o PIC está "de luto" e "inativo sob protesto". Evidentemente, protestam pela suspensão das operações de busca do embaixador, exigida numa das cartas dele próprio.

Sem ouvir nenhuma menção à nossa libertação nem ao sequestro do embaixador, voltamos às celas para o almoço e começa, então, a espera ansiosa do "antes", aquela angústia que não se domina porque se desconhece o que virá. O quartel cada vez mais silencioso me atemoriza. As horas não passam. A cadência das botas do sentinela me exaspera neste ir e vir frente à solitária. Chego a pensar que "algo ocorreu", que houve "um retrocesso" e que permanecerei nesta cela 30 anos, como me disse o major.

E é exatamente o major Fontenelle que eu vejo chegar à grade no meio da tarde. Em uniforme de combate, capacete à cabeça e um fuzil automático na mão esquerda, me diz impositivo, mas com voz suave:

– Junte em dois minutos todas as suas coisas, menos o que seja de comer, e saia. Você vai ser levado para fora do país.

– Como? Para onde vou?

– Não sei. Só sei que pedem por você nessa lista do embaixador!

Peço meus sapatos e o relógio e, também, a máquina de escrever arrebanhada da minha casa. A porta da cela fica aberta e, em seguida, devolvem os sapatos, só os sapatos, nada mais. Calço-os: sem cordão, parecem enormes e me saem dos pés. O que tenho é mínimo: duas toalhas e um par de sandálias, além de uma camisa que visto sobre a que uso, pelo frio. Passo à cela vizinha o bolo e as frutas trazidas pela minha mãe e também essas sofisticadas latas de *foie gras* e queijo francês (impossíveis de abrir) que o Luís Edgar de Andrade me deixou ao sair da cela em que ficou dez dias "por engano", só por ser jornalista e ter telefonado à casa do Jorge.

Ingênuo, penso que já estou livre e digo que quero despedir-me, na minha casa, da minha mãe e da minha filha. Eles riem. Com Zarattini, entro num camburão militar e nos algemam ao assento de lata. De capacete e fuzil, o major senta-se à frente, junto ao motorista. Conosco, apenas aquele cabo pugilista, mulato de olhos verdes e cara feroz, que numa tarde me destruiu os rins a socos. Pela primeira vez está fardado e sorri sem parar, contente.

– Vocês é que são felizes. Vão ver o Mundial de Futebol do México! – diz, exultante, revelando o nosso destino como se estivesse a despedir-se de dois velhos companheiros.

Com a sirene aberta e o major agitando a carabina para abrir caminho no trânsito, chegamos rápido à zona militar da Base Aérea do Galeão. A caminhonete do Exército não pode entrar na área privativa da Aeronáutica e para no portão. O major desce primeiro, abre a nossa porta, já estou sem algemas, e me ajuda a descer. E – ao me entregar para a Aeronáutica – estende a mão, aquela mesma mão que acionava a máquina de choque elétrico, e me diz, num leve abraço, sem largar o fuzil:

– Desculpe por todas as coisas que houve; eu tenho certeza de que, se você tiver um filho, ainda vai me convidar para compadre.

– É, é, pode ser! – respondo como um autômato e também lhe dou a mão.

CAPÍTULO X
No ventre da baleia

Não creia que por amar a ação
me foi preciso desaprender a pensar.

Albert Camus

1

Por fora bojudo e baixo, este avião em que nos levam ao México parece um pato imenso aberto de asas, mas dentro dele me sinto no ventre da baleia. Como Jonas, sou prisioneiro ainda, mas, logo, serei vomitado. Por isso, talvez, penso e penso sem parar, para não pensar naquele único detalhe em que não quero pensar. Não o recordo por medo? Ou por vergonha? Vergonha deles. O corpo na cela não se desprende de mim, mas não quero pensar com a memória para não voar com um cadáver em direção a um país e a um futuro que não indago como será. Quando me amarram ao assento de lona e dói o braço e todo o lado direito dói, não sofro porque doa. Sofro por tudo o que esta dor constante me traz como lembrança.

Minutos atrás, quando cheguei à Base Aérea do Galeão, devia estar alegre e eufórico, mas me senti absorto e triste. Não me importou que tirassem cem vezes as impressões digitais dos dez dedos da mão ou me fotografassem em mil posições de perfil, num banquinho giratório. Nem entendi quando nos mandaram caminhar em direção ao avião "para o retrato". Antes, deixamos nossas "coisas" na pista. Nenhum de nós tem bagagem propriamente dita, só "coisas": caixas de papelão ou nada, como eu, com duas toalhas e umas sandálias franciscanas. A única mulher do grupo, moça alta e vistosa, tem uma malinha diminuta, uma frasqueira, que também deixa no cimento da pista.

Somos 13 e não os 15 a serem "trocados", e nos marcam a roupa a tinta com um número: eu sou o 6. Sem podermos falar, paramos à

porta do avião e mandam que uns se agachem e outros continuem de pé para a fotografia. Fico de pé na ponta da direita, mas o sargento coordenador da foto manda que eu me acocore e neste intervalo mínimo para mudar de posição eu digo para o grupo:
— Vamos mostrar as algemas!
O sargento pensa que eu falo com ele e pede que eu não proteste, pois "a hora não é de bronca".

2

O retrato, finalmente. Duas ou três chapas, enquanto um sargento diz ao microfone nossos nomes e números e outro escreve numa máquina estenográfica montada na pista. Recolhemos nossas "coisas" e entramos no pato bojudo. Os assentos de lona são laterais, em fila, de costas para a janela: no lado esquerdo ficamos dez ou onze; no direito, quase à minha frente, Maria Augusta tem um sorriso de enfado. Lá no fundo, com uniforme de brim azul de presidiário, o ex-sargento Onofre Pinto pede que eu me sente ao seu lado e o gesto alvoroça a tripulação militar. E mandam que eu me sente longe, na ponta.

Logo que nos amarram, um a um, aos banquinhos, um oficial de casquete coloca-se à nossa frente no corredor largo e se apresenta:
— Sou o comandante do avião, major Egon Reinisch, e tenho uma missão delicada: levar vocês ao México e entregá-los à Embaixada do Brasil lá, e por isso vou pedir a colaboração de vocês. Em todo o trajeto, fica proibido falar. Quem precisar ir ao banheiro deve chamar o soldado. Primeiro vamos voar daqui a Recife. Não se esqueçam da proibição de conversar ou falar. Espero a colaboração de vocês.

Dá um passo em direção à cabine e volta para explicar que receberemos só uma caixinha de refeição: "Comam devagar e aos poucos, pois é para toda a viagem". Logo, veio a caixinha: um sanduíche de presunto e queijo, uma maçã, um bolinho inglês adocicado, um saquinho de um quarto de litro de leite e respectivo canudinho.

Dois militares conferem os relógios em voz alta quando o Hércules (prefixo 56 estampado na fuselagem) levanta voo: 17 horas e

3 minutos do sábado, 6 de setembro de 1969. Daí em diante, nem o ronco dos motores altera a tensão das caras carregadas de medo dos soldados postados no corredor.

3

Somos prisioneiros no ar, voando em direção a Recife.

(Não, nenhum de nós sabia que, a essa hora, queriam nos matar e que fomos salvos pelo acaso, ou pelo trânsito, ou pelo peso da hierarquia militar, que agia sob a pressão direta de Washington. Só três dias após nossa chegada ao México começamos a saber do perigo e do terror que nos haviam rondado, quando o New York Times *contou como a diplomacia norte-americana acompanhara os acontecimentos. Citou, inclusive, um "relatório confidencial" da Embaixada dos Estados Unidos no Rio* alertando o presidente Nixon de que, logo após a divulgação da lista de presos a serem trocados, um grupo de coronéis propôs inverter as posições e "enforcar os 15 prisioneiros em praça pública" caso o embaixador não fosse imediatamente libertado. Nixon voltou a pressionar por uma solução rápida que assegurasse a vida de Mr. Elbrick e a Junta Militar deu-lhe garantias de que atenderia às exigências dos sequestradores. Logo, a revista norte-americana* Life*, que já nem circula mais, informou que a Marinha quis impedir que embarcassem dois prisioneiros – Vladimir Palmeira e eu –, não sei por que razão.*

A ameaça concreta, no entanto, veio pelo lado dos paraquedistas do Exército, um reduto da ultradireita, daquela gente que o "Sérgio Macaco" qualificava de "paranoicos". A Marinha conseguiu ser aplacada e, em troca, o governo permitiu que o Cenimar continuasse a atuar nas buscas do embaixador, ainda que apenas investigando, sem efetuar prisões nem qualquer outra ação. E, assim, o Cenimar vigiou e foto-

---

* *The New York Times*, 10 de setembro de 1969, com o título "Brazil decrees death penalty for subversion and terrorism", ao informar sobre os Atos Institucionais nº 13, instituindo o "banimento dos presos" trocados pelo embaixador, e nº 14, que estabelecia a pena de morte.

grafou várias casas suspeitas, entre elas a da Rua Barão de Petrópolis, nº 1026, em Santa Teresa, onde realmente estava Elbrick. No Exército, porém, na tarde da nossa partida, uns 40 oficiais paraquedistas da Brigada Aeroterrestre saíram da Vila Militar, em três caminhões, para impedir que os prisioneiros entrassem na Base Aérea ou, se fosse o caso, para nos retirar de lá à força e, de imediato, executar todo o grupo. Os oficiais planejavam nos raptar, levando-nos ao centro do Rio para nos enforcar de um a um na Cinelândia, defronte ao Theatro Municipal, naquele mesmo sábado. Havia apenas uma dúvida - alguns queriam nos "metralhar", mas a ideia da forca era dominante. Os capitães Francimá de Luna Máximo, José Valporto Sá e Adalto Barreiros chefiavam a sublevação, com o apoio ostensivo do coronel Dickson Gräel, comandante do Grupamento de Artilharia dos para-quedistas. Um congestionamento no tráfego, ampliado pelo fluxo de automóveis a um jogo de futebol no Maracanã, os reteve na Avenida Brasil por mais de meia hora e, assim, o comboio rebelde chegou à Base Aérea 15 ou 20 minutos após a decolagem do Hércules.* Oficiais de elite, preparados para executar as ações mais ousadas ou malucas, os para-quedistas revoltosos dominaram facilmente a despreparada guarda da Infantaria da Aeronáutica, entrando à base sem problemas. Ao perceberem que o avião havia decolado, tomaram a torre de controle do aeroporto e tentaram interromper o voo, ordenando que voltasse.

O Hércules 56 não respondeu à falsa "ordem" e prosseguiu no ar. Frustrados, antes de voltarem para casa, ao anoitecer, os paraquedistas puderam executar apenas a segunda parte do plano: invadiram os transmissores da Rádio Nacional. Lá, interromperam as transmissões normais e o capitão Francimá leu um manifesto chamando de "covarde" o governo da Junta Militar por ter-se dobrado às exigências de libertar "um grupo de terroristas e facínoras sanguinários, cujo destino deveria ser outro". Tiveram o cuidado de refazer o manifesto, podando as frases sobre nossa execução na forca ou a fogo de metralhadora. Agora, nos fuzilavam e nos enforcavam com palavras. Quase à mesma hora, o avião aterrissava em Recife.)

---

* Relato do hoje coronel Francimá, *Jornal do Brasil*, 21 de maio de 1995.

4

Já noite, chegamos a Recife. Ninguém nos diz, mas todos deduzimos que a escala é para recolher Gregório Bezerra. Os tripulantes descem para jantar e, enquanto sobem outros soldados para nos vigiar, troco as primeiras palavras com meu vizinho de assento:
— Pobre do velho Gregório! Como estará?
— Deve estar destruído, depois de tantos anos — diz Ivens Marchetti.

Há um nervoso cochicho paralelo entre os demais prisioneiros.

Todos se indagam sobre Gregório Bezerra, o preso político mais antigo do Brasil (e também o mais idoso), detido no dia do golpe militar em 1964 e obrigado a desfilar pelas ruas de Recife, com uma corda ao pescoço, puxado por um jipe, como um moderno condenado medieval. A cena, fotografada e filmada, foi exibida na televisão e estampada na imprensa como escarmento às novas gerações.

Ele é a unidade do grupo, o único conhecido de todos, que todos sabem quem é: o velho e respeitado comunista, sargento do Exército no amotinamento vermelho de 1935 em Recife, organizador de rebeliões camponesas no Paraná em 1950 e no Nordeste nos anos 60, o agitador permanente, uma espécie de encarnação do que se conhece como "a revolução popular". Tanto os que o prenderam como aqueles que sempre o quiseram livre estavam certos de que ele morreria na prisão, pois a ditadura se prepara para durar cem anos e lhe será impossível sobreviver a ela. Gregório nasceu com o século e, agora, tem 69 anos. Para todos nós, uma legenda e também "um velho".

Em silêncio, petrificados, aguardamos um homem alquebrado e quase deixamos de respirar quando o vemos entrar. Erecto e rijo, todo branco como um anjo alvo, ele caminha em nossa direção: cabelo branco, camisa branca, calça branca e alpercatas sertanejas de couro branco. Na mão, uma malinha e um cobertor. Mandam que ele se sente no outro lado do corredor, de frente para mim. Um soldado põe-lhe as algemas e sai, mas Gregório o chama forte, sem gritar, como se lhe desse uma ordem:

– Seu cabo, desaperte estas algemas. Estão me machucando!
Habituado a cumprir ordens, o cabo volta, faz o que ele manda e lhe indaga se "agora está bem?".
– Não; afrouxe um pouco mais!
Gregório se ajeita no banquinho de lona, defronte ao meu, me olha e sorri. Respondo-lhe também sorrindo. Sorrindo por vê-lo assim. Seus olhos azuis, daquele límpido azul-claro do céu do sertão nordestino, percorrem toda a fileira, como se ele quisesse identificar, um a um, todos aqueles companheiros aos quais não conhecia.

Nós tampouco nos conhecemos entre nós e estamos reunidos pela primeira vez. Só alguns conviveram antes e, mesmo assim, isoladamente, em grupos diferentes na resistência armada ou no movimento estudantil. Gregório nunca esteve conosco, com nenhum de nós, mas cada um de nós, todos nós já estivemos com ele, até mesmo os líderes estudantis, que são jovens demais para conhecerem o passado.

Ele é o elo deste grupo heterogêneo.*

(Nessa fotografia que nos tiraram ao embarcar e que, de imediato, dará volta ao mundo e que, no Brasil, toda a imprensa publicará para que fique comprovado que nos estão libertando e que, assim, o embaixador também estará livre, Gregório obviamente não aparece. Quando me perguntam por que fomos apenas 15 ou por que estes 15 e não outros, também não sei responder com exatidão até hoje. O critério de escolha dos prisioneiros foi "ecumênico", tentando criar um arco representativo dos principais grupos da oposição não consentida. A maioria saiu das prisões de São Paulo porque lá é que se gerou a segunda etapa da resistência à ditadura, após o Ato Institucional nº 5, que, a partir de dezembro de 1968, espelhou também a segunda fase do regime militar, dura e intolerante. Eu vinha ainda da primeira etapa da resistência, anterior ao Ato 5.

De pé, à esquerda, está Luís Travassos, presidente da União

---

* Nenhum de nós sabia que, no dia anterior, Gregório tinha assinado um manifesto de repúdio ao sequestro do embaixador dos EUA, que a direção regional do PCB em Pernambuco redigiu e lhe levou à prisão, qualificando a ação de aventureira e provocativa.

Nacional dos Estudantes (UNE) e membro da Ação Popular. Depois, mostrando os punhos algemados, José Dirceu de Oliveira, presidente da União Estadual dos Estudantes de São Paulo e membro da Dissidência Estudantil Comunista, que adota a denominação de MR-8 no sequestro do embaixador. Logo, José Ibrahim, presidente do Sindicato dos Metalúrgicos de Osasco, líder da maior greve operária da época ditatorial e membro da VPR de São Paulo, cujo comandante operacional era o ex-sargento do Exército Onofre Pinto, ao seu lado, de óculos, o único com uniforme de presidiário e que mostra as algemas para que ninguém tenha dúvida de que nós viajaríamos presos. De mangas curtas e rosto de criança, Ricardo Villasboas, estudante carioca, preso por panfletagem no Rio, como Maria Augusta Carneiro, ambos ligados à Dissidência Estudantil. Alto e de camisa escura, Ricardo Zarattini, engenheiro paulista, antigo militante da resistência desde o golpe e membro da ALN. De paletó, na ponta direita, Rolando Fratti, operário de alto padrão, especialista em controle de qualidade, um dos cabeças da rebeldia no Partido Comunista em São Paulo, da qual nasceu a ALN.

Agachados, na esquerda, o advogado João Leonardo da Silva Rocha, do grupo combatente da ALN paulista, escondendo as algemas; Agonalto Pacheco, sergipano, dirigente sindical em São Paulo, da ALN; Vladimir Palmeira, presidente da União Metropolitana dos Estudantes, líder das manifestações de rua de 1968 no Rio e membro da Dissidência Comunista; Ivens Marchetti do Monte Lima, arquiteto, combatente do MR-8 carioca, filho de general do Exército; e, finalmente, eu próprio.)

5

Quando o Hércules pousa em Belém e, outra vez, os tripulantes descem para alimentar-se, a soldadesca que sobe para nos vigiar leva à frente um oficial da FAB com uma volumosa pasta na mão esquerda e que pergunta do corredor "quem é aí o Dr. Falcão?".

Permaneço calado. "Dr. Falcão" fora um dos meus cognomes em 1967, na época do antigo Movimento Nacionalista Revolucionário, e que os militares difundiram com estardalhaço pelos quatro pontos cardeais ao desbaratarem um pequeno grupo nosso no Triângulo Mineiro, num episódio conhecido como "a guerrilha de Uberlândia", que jamais chegou a ter combatentes. Mas não é só por isso que me calo. Observo a pasta que ele segura na mão e me indago o que pode conter. Num mesmo movimento de cabeça, os olhos dos outros presos também se fixam na pasta, com a mesma pergunta. Unidos pelo mesmo destino, agora já pensamos igual e o oficial percebe o que nós percebemos.

– Esta pasta só tem papéis. Eu só quero saber quem é o Dr. Falcão? – repete.

– Eu sou Fulano de Tal! – respondo, dizendo-lhe meu nome real.

– Eu servia em Brasília quando você foi preso e queria saber como era. Você é perigoso, e é bom que vá embora – retruca, em alusão a anos atrás, e sai do avião.

Em seguida, sobe o 15º preso. Senta-se quase defronte a mim e sem nos olhar começa a assobiar a *Internacional*, baixinho mas audível. A soldadesca não entende aquele assobio, ou não escuta, mas o festejo surpreende Gregório, separado por dois banquinhos deste novo prisioneiro que parece acreditar ter entrado numa boate ou clube marxista-revolucionário, e não numa prisão aérea. Esse é o "Xuxu", de Belo Horizonte, me assopra Marchetti, que vem da prisão na ilha Grande, onde sobram rádios.

Finalmente, rumamos para o México. Já estamos há mais de dez horas neste avião e começamos a pedir para ir ao banheiro. Alto, quase 2 metros, Pacheco é o primeiro, mas, com seu tamanho, tudo se torna difícil para ele: o vaso sanitário é apenas um prato metálico fundo, suspenso a 1,50 metro do piso, à vista de todos, no meio da aeronave. Neste avião para transporte de tropas e de tanques, o sanitário é coisa de machos muito machos e permite apenas urinar. É tão só um rudimentar mictório masculino e todos os 14 prisioneiros homens passam por ele, toda a soldadesca o utiliza. Impassível, Maria Augusta permanece todo o voo amarrada ao banquinho de lona, sem sequer poder usufruir daquela fugaz sensação de liberdade pela metade que nos produzia o urinar, quando, mesmo algemados, caminhávamos alguns passos e liberávamos a bexiga.

O voo é longo, o ruído dos motores monótono, e dormitamos. Somos despertados pela voz do comandante nos alto-falantes, pedindo atenção, "muita atenção, tropa e tripulantes, muita atenção para um comunicado importante". Marchetti me toca com o cotovelo e balbucia:

– Meu Deus, vão nos jogar no ar!

Começa então a leitura de uma "ordem do dia" em comemoração ao 7 de Setembro. Já cruzamos a linha do Equador e estamos no hemisfério norte, noutro fuso horário, mas no Brasil entramos neste momento na manhã do Dia da Independência e o comunicado deve estar sendo lido agora em toda a caserna. E assim, portanto, neste avião que também é um quartel. Retórico e longo, o comunicado conclui com a assinatura do autor: marechal Arthur da Costa e Silva, presidente da República e comandante em chefe das Forças Armadas.

Nem uma coisa nem outra. Imóvel numa cama de hospital no Rio, Costa e Silva já não presidia a República nem mandava nas Forças Armadas, mas a Junta Militar que o substituiu não se lembrara, sequer, de retocar o comunicado. A "ordem do dia" era uma fantasia em si mesma. Neste 7 de setembro, porém, todos os jornais a transcreverão, e no rádio e na televisão ela será lida pelo locutor oficial, com aquela mesma ênfase solene com que – forçado pelos fatos e pelos fados – leu o comunicado da ALN e do MR-8 pelo sequestro do embaixador dos Estados Unidos. O locutor oficial é a imagem perfeita do robô obediente em que se transformou o país.

6

Quando pousamos no México, os dois militares que cronometraram a partida se espreguiçam e repetem a operação em voz alta: são 18 horas no Rio. A viagem durou 25 horas. O comandante Reinisch desce do aparelho abrindo uma pasta de papéis e permanece lá fora por longos minutos. Tem ordens de nos entregar à Embaixada do Brasil, mas algo deve ter ocorrido, pois volta ao avião e liga os motores e o Hércules se mexe e remexe sem sair do lugar. O frio durante o voo transformou-se, em terra, em calor insuportável e penso que os motores estão ligados para refrigerar a aeronave, enquanto decidem o que fazer conosco.

– Vão nos levar para um quartel mexicano! – digo em voz alta, convencido de que isso ocorrerá, e os demais também ouvem, mas já ninguém se inquieta. Nesta prisão aérea, a tortura é este tédio de saber que estamos indo para a liberdade sem poder vislumbrar se, de fato, seremos livres.

Na minha frente, Xuxu gesticula perguntando-me onde estamos.

– No México, nós vamos ficar aqui no México! – explico, quase em sussurro.

(Nunca me saiu da retina a cara de susto de Xuxu com a minha resposta. Seu nome é Mário Roberto Zanconatto, médico recém-formado, mas na lista de presos apareceu apenas o apelido, que funcionava também como cognome na vida clandestina. Os que o incluíram na lista desconheciam como se chamava e encontrá-lo foi para o governo, talvez, tarefa tão árdua quanto acalmar ou dominar os "paranoicos" que nos queriam fuzilar. Localizado finalmente numa prisão em Belo Horizonte, para não atrasar a partida do Hércules, Xuxu foi levado a Belém no luxuoso jato do ministro da Aeronáutica e aí lhe disseram que, depois, ele iria à Dinamarca. Quando me indagou onde o Hércules pousara e eu lhe expliquei que nós ficaríamos no México, ele entendeu que "nós" éramos os que já estávamos no avião quando ele entrou assobiando a Internacional e que, daí em diante, ele voaria sozinho à Dinamarca. A sua cara de espanto nunca me saiu da memória.)

CAPÍTULO XI
A CHEGADA

Aqui estou. Regressado de tudo.
<small>Vergílio Ferreira</small>

1

Somos o centro de atração de todos, quase do mundo inteiro, mas nós, os 15 prisioneiros políticos, não sabemos disso e, já no México, com o avião em terra, permanecemos amarrados aos banquinhos de lona, algemados, inertes, alheios ao que somos, sem conhecer o que farão de nós. Não nos importamos sequer com o nosso destino, pois nele não podemos influir. Queremos descer deste avião, só isso.

O comandante, porém, tem ordens de nos entregar "unicamente à Embaixada do Brasil", que, por sua vez, recebeu ordens do Itamaraty de nos retirar do aparelho em fila, levar-nos à embaixada para voltar a nos identificar – talvez para comprovar que os que chegamos somos os que saímos – e, depois, nos deixar ao governo do México, como um fardo registrado em livro contábil. Em tudo isso, passar-se-ão duas ou três horas, mas o Itamaraty não quer perder essa oportunidade de mostrar que também é uma repartição policial e aparentar trabalho nesse episódio do embaixador dos Estados Unidos.

(Em Washington, na Casa Branca, o presidente Nixon está inquieto à espera de que nos liberem. No Brasil, os generais da Junta Militar estão ansiosos para que nos liberem. E os nossos companheiros que exigiram a nossa libertação – Câmara Ferreira, Jeová Assis Gomes, Virgílio Gomes da Silva, Cláudio Torres Silva, Franklin Martins e outros mais – já não suportam continuar ao lado do embaixador nessa casa de Santa Teresa,

que eles sabem que está vigiada. E o embaixador está ainda mais inquieto. Mr. Elbrick não tem acesso ao rádio, mas os demais – todos do grupo que o mantém prisioneiro – acompanham todas as emissoras, na expectativa de uma "edição extraordinária" neste final da tarde do 7 de Setembro, anunciando que chegamos ao México e fomos libertados.

Todos querem ver o embaixador livre. Afinal, Mr. Elbrick portou-se bem, conversou muito com seus captores, concordou com eles sobre o "alto grau de corrupção no governo militar" e disse saber que, na construção da ponte Rio-Niterói, o pessoal ligado ao coronel-ministro dos Transportes exige "imensas propinas" das empresas construtoras, que, por sua vez, se locupletam à custa do Estado que o ministro prometeu defender. Mr. Elbrick disse nunca ter ouvido nada sobre a prática de torturas aos presos políticos, mas admitiu também que nada poderia saber, pois só fala com gente do governo ou com empresários pragmáticos interessados unicamente em lucro, em calcular custos e rendimentos e que pouco querem saber da vida dos cidadãos, menos ainda dos que se opõem ao regime. O embaixador explica que não tem nada a opor, com ele "no problems", e tudo o que diz fica gravado. Talvez o embaixador fale e fale para relaxar-se e afrouxar a tensão, mas os seus captores buscam tratá-lo bem, conversam com ele, fazem-lhe perguntas, comem ao seu lado, servem-lhe cafezinhos, também para aliviar a ansiedade.

Mas neste finalzinho de tarde nessa casa da Rua Barão de Petrópolis, no Rio, já ninguém suporta continuar fazendo o que faz – cuidando de Mr. Elbrick, vigiando aqueles agentes do Cenimar, que, por sua vez, vigiam a casa na suspeita de que lá possa estar aquele homem que é o nosso refém, mas de quem nós também somos reféns. Todos querem uma solução rápida. Em Washington, no Brasil e também no México.)

Mas o Hércules continua na pista e nós seguimos no ventre da baleia. O comandante desce outra vez e volta ao avião com um brasileiro de gravata e fatiota escura – obviamente um diplomata da Embaixada do Brasil –, que nos olha com desprezo e desdém. Ao deparar-se com os cabelos brancos de Gregório Bezerra, na ponta da fila direita, aproxima-se dele e lhe estende a mão perguntando como está e se fez boa viagem. Não há tempo, praticamente, para a resposta de Gregório e, em seguida, entra no avião um homem de feições indígenas, de óculos. Para no meio do corredor, nos observa e, de imediato, diz num tom de voz tranquilo, mas para que todos ouçam:

– *En México mandamos nosotros. Quítenles las esposas y liberen a estos señores, y que bajen de inmediato!*

Precisa, a ordem foi entendida até mesmo pelos que nada entendiam de espanhol:

– No México, nós é que mandamos. Retirem as algemas e libertem estes senhores, e que eles desçam de imediato!

2

Deixávamos de ser fardos numerados e começávamos a ser tratados de "senhores". O comandante e a tripulação se alvoroçam. O secretário da Embaixada do Brasil morde os lábios e enruga a face, irritado e raivoso, mas cruza os braços, em sinal de rendição: ele já não será nosso dono transitório no México.

Por ignorância, cochilo ou ansiedade incompatível com a diplomacia, o Itamaraty tentara modificar todas as regras migratórias universalmente aceitas e assumir funções de polícia em território estrangeiro, substituindo-se às autoridades locais. Como pretender exercer extraterritorialidade no México e decidir como desceríamos do avião e o que fazer conosco por lá, depois?

Sem descruzar os braços, o diplomata brasileiro pergunta algo no estilo de "quem é o senhor" e o mexicano responde sem se perturbar:

– Sou José Cerecedo López, chefe de Migrações do Aeroporto Internacional do México, Distrito Federal!

Para o México, nós não éramos prisioneiros, mas imigrantes. E o chefe de Migrações volta a nos observar e acrescenta:

– Tenham pressa, pois no México não se permite o uso de algemas!

Algo, pelo menos, havia sobrado dos velhos ideais libertários da "Revolución Mexicana" de 1911.

Começa a procura das chaves das algemas, destas algemas que os mexicanos chamam "esposas", neste país de gente decidida, em que as palavras têm uma acepção além de si próprias e, por exemplo, "toda-madre" significa coisa ruim e "padre" não é apenas "pai", mas também algo maravilhoso e belo. Nervosos, os soldados começam a nos abrir as algemas. Primeiro Gregório, depois Maria Augusta e seguem os demais, mas não aparece a chave da minha algema. Irônico. Na minha vida, tudo se repete como um arco num círculo já conhecido: quando cheguei ao quartel da Rua Barão de Mesquita, no Rio, também não encontravam a chave da algema.

Agora, no avião, a chave do "n° 6" só aparece depois que o comandante esmiúça a caixinha que lhe deram no Rio com a lista de todos aqueles fardos transportados ao México. Essa confusão nos aproxima e o comandante pede que eu espere "um segundo": vai à cabine e me põe nas mãos já livres os exemplares do *Correio da Manhã* e de *O Globo* da data da saída, em que nós ocupamos quase todos os espaços.

– Os jornais devem ficar com o jornalista! – me diz.

A um homem livre ele podia dar algo. O major Egon Reinisch está contente e sorri. A "missão delicada" tinha se concluído. E me dar os jornais era, talvez, a forma simbólica de nos agradecer a "colaboração" durante o voo, pedida na saída. Nos últimos segundos dentro desse avião em que passei 25 horas amarrado e algemado, como num turbilhão recordei que na juventude, em Porto Alegre, meu colega da Faculdade de Direito, Ralph Reinisch, tinha um irmão mais velho que se chamava Egon e era oficial da FAB.

Literalmente, o mundo era pequeno demais, mas não lhe digo nada, pois só quero descer à pista. E ter a sensação de ser livre.

3

Na pista, uma centena de jornalistas e fotógrafos nos cercam numa ordenada balbúrdia. Nos terraços da estação aérea, bandeiras do

México e do Brasil se cruzam no ar, saudando-nos entre os gritos de uma pequena multidão que, em coro, repete "abaixo a ditadura" num estribilho em que se mesclam português e espanhol. Ainda na pista, encontro um velho conhecido, o jornalista norte-americano Denny Davis, antigo correspondente da *United Press* no Rio, que me pergunta de chofre:

– Quando é que vocês partem para Cuba?

Logo, o próprio Davis se acalma, pede-me desculpas, diz que eu estou "muito magro" e, tomando-me pelo braço, me aponta três conterrâneos seus entre os jornalistas, funcionários e policiais que caminham conosco pela pista:

– Este é o pessoal da Embaixada dos Estados Unidos que veio se certificar de que vocês realmente chegavam!

Muito possivelmente, seriam agentes da CIA destacados para o reconhecimento da missão final de resgate do embaixador Charles Burke Elbrick. Vamos direto para o posto médico da estação de passageiros e aí nos vacinam e nos dão um certificado internacional de vacinação antivariólica. Este é nosso único trâmite. Nenhum de nós tem qualquer documento. Literalmente, somos apenas "vacinados". Somos gente, mas estamos ao vento.

Em grupos de três, levam-nos em automóveis ao Hotel del Bosque. Ficamos apenas alguns segundos nos apartamentos e, famintos, nos reunimos de imediato no restaurante. Por ser o único que fala espanhol, sou designado para escolher o menu. Pergunto ao *maître* por um frango que encabeça o cardápio e a descrição se assemelha à de uma brasileiríssima galinha ao molho pardo. Todos aplaudem. Pessoalmente, não gosto de frango, mas não fujo à regra e decido festejar a liberdade partilhando o gosto dos meus companheiros na escolha que eu sugeri.

– Vão gostar, é saborosíssimo, um dos melhores pratos da culinária mexicana! – explica o *maître*.

Pedimos 15 frangos "al mole poblano", a cozinha se atrasa e a fome aumenta. Quando chegam aquelas esfumaçantes galinhas em molho escuro, já pelo cheiro percebemos o engano: o gosto é exótico, mistura de amêndoa, canela, amendoim e apimentadíssimos "chiles" de todos os tipos e cores, uma competição de pimentas cada qual mais picante que a outra, que explodem e queimam a cada mordida, mas o nosso paladar não suporta tanta sofisticação culinária. Praticamente não comemos. E tudo se assemelha a uma nova tortura. A tortura de ter fome em meio à abundância e com a sensação de estômago cheio.

Errei na escolha, erraram todos. Em termos de fome, um desastre, mas é o sinal de que estamos livres. Um prisioneiro não pode errar jamais. Só se erra quando se é livre. E aplacamos o paladar em brasa com água mineral ou cerveja.

Estamos no México e o primeiro instante do exílio já é uma sucessão de equívocos, de aparências enganosas. De um gosto que parece suave e doce e que, ao mastigarmos, se transforma no oposto do que aparenta ser. O exílio surgia naquela refeição de famintos com todos os seus ingredientes. Com a violência da fome transformada em gula.

O exílio era a liberdade. Mas a liberdade do exílio, só isso.

(E o embaixador? Mr. Elbrick foi solto no finalzinho da tarde no Brasil, quando as emissoras de rádio interromperam as transmissões dos jogos de futebol no Maracanã e no Pacaembu para ler os despachos das agências internacionais de notícias anunciando nossa libertação no México. Ainda não nos havíamos equivocado com a picante galinha mexicana quando Mr. Elbrick, ansioso, recebeu a notícia de que seria libertado e abraçou um a um os seus captores. Logo, num automóvel dirigido por Cláudio Torres da Silva, saiu pela garagem. Postada um quarteirão adiante, a caminhonete do Cenimar que vigiava a casa colocou-se atrás do carro e só se afastou quando o veículo de cobertura apontou as metralhadoras para os policiais. O manifesto de captura dizia que ele só seria solto após a divulgação das radiofotos da nossa chegada ao México, mas as dificuldades para manter Mr. Elbrick naquele lugar obrigaram a antecipar a partida. Algumas dezenas de quadras adiante, Mr. Elbrick desceu do carro, com a indicação de que caminhasse cem metros. Caminhou e logo tomou um táxi, que o

deixou na residência da embaixada. Agora, a radiofoto de Mr. Elbrick, de fatiota e sem gravata, descendo do fusquinha-táxi é que começou a dar volta ao mundo.

No dia seguinte, duas entrevistas coletivas marcaram o rumo dos meses e anos futuros. No México, os 15 ex-prisioneiros frisavam que "no Brasil a tortura se transformou num método de interrogatório". E, no Rio, Mr. Elbrick agradecia o interesse do governo brasileiro em libertá-lo, mas também dizia que fora bem tratado pelos seus captores e até os elogiava publicamente em entrevista coletiva: "São jovens idealistas". Tudo isso, no entanto, apenas ocultava a fragilidade das organizações da resistência armada, sem estrutura nem apoio popular, e, igualmente, disfarçava o avanço do regime ditatorial, que se consolida sob o domínio dos "duros", daquela gente que o capitão "Sérgio Macaco", do alto da sua experiência, chamava de "os paranoicos".)

Para nós, "os 15" – como passamos a ser chamados –, começava o exílio e também algo até então insólito: o banimento. Dias após nossa libertação, num Ato Institucional com data atrasada, como se fosse anterior à nossa partida, a Junta Militar decretou nosso "banimento do território nacional", fórmula jurídica idêntica ao degredo adotado nos tempos da Colônia Portuguesa contra os Inconfidentes de Minas Gerais. Modernizava-se apenas a expressão.

Durante dez anos e dois meses, eu e todos nós fomos "os banidos". Livres e desterrados.

SEGUNDA PARTE

*Aquele que se opõe a uma ditadura tem de aceitar
a guerra civil como meio de derrubar a ditadura.
Aquele a quem repugna a guerra civil
deve desistir da oposição e aceitar a ditadura.*

ARTHUR KOESTLER
EM "DARKNESS AT NOON" ("O ZERO E O INFINITO")

CAPÍTULO I
A BOFETADA

Um dia vai haver uma guerra grande neste sertão.
Uma guerra sem a cegueira de Deus e do Diabo.

GLÁUBER ROCHA

1

Afinal de contas, por que tudo isso e para que isso tudo? Por que esse sacrifício, para que essa audácia, por que tanta aventura?

A nossa cara de espanto naquela tarde de 1º de abril de 1964, em Brasília, talvez me dê agora, mais de 40 anos depois, a explicação do início de tudo. Caminhamos do edifício do Congresso ao Palácio do Planalto e, ao chegar, o presidente João Goulart se preparava para sair. Nem sequer se preparava, já saía às pressas. No gabinete presidencial, de pé ao lado do seu ajudante de ordens, dele consegui ouvir duas frases lacônicas e ditas de uma forma tão tranquila que me confundiram ainda mais naquele momento de confusa indagação:

– Acabo de falar com o comandante do III Exército. Vou instalar o governo no Rio Grande do Sul e viajo hoje mesmo para Porto Alegre!

Mudos e petrificados, Fernando Pedreira e eu só atinamos em parte com o sentido daquela pressa e daquelas palavras, ditas no estilo franco e simples de Jango. Pedreira era o comentarista político de *O Estado de S.Paulo*, o mais frontal e férreo opositor de Jango, e eu, o colunista da *Última Hora*, o único jornal que apoiava o programa das reformas de base do governo, mas recebíamos igual tratamento por parte do presidente e com ele compartilhávamos idêntico e mútuo afeto pessoal. Sem confundir amizade e política, ambos éramos críticos do estilo de Jango: Pedreira, por entender que ele avançava demais; eu, por pensar que ele recuava cada vez mais.*

A sociologia da História me faz perceber hoje que, de fato, Jango avançou demais – mesmo sem saber que avançava ou sem o desejar – num país despreparado e temeroso de qualquer mudança. Mas naquele 1º de abril Jango recuou até o limite do retrocesso absoluto.

Num tempo em que a capital da República ainda se dividia entre o Palácio das Laranjeiras e o do Planalto, ele viajou do Rio a Brasília quase só para colocar a mulher e os dois filhos pequenos no avião presidencial rumo a São Borja. Depois, subiu num jato da Varig posto à sua disposição, com o qual chegara do Rio, mas o aparelho enguiçou na pista e ele teve de seguir num lento Avro turbo-hélice da FAB que levou quase cinco horas até Porto Alegre. O pouco que lhe restara como decisão de resistir ao golpe em marcha esvaiu-se na solitária lentidão do voo ao Sul. De fato, lá ele não pretendia apoiar-se na lealdade e no poder militar do general Ladário Pereira Telles, que assumira o III Exército 24 horas antes, nem na tentativa de mobilização popular de Leonel Brizola, que já não era governador nem tinha qualquer posto executivo e insistia em ser nomeado ministro da Justiça para comandar o contragolpe. Se pretendesse resistir, ainda no Rio Jango poderia ter dado a ordem que lhe pedia o brigadeiro Francisco Teixeira, para o coronel Ruy Moreira Lima (herói da Segunda Guerra) bombardear com seus aviões os revoltosos do general Mourão que vinham de Minas pela estrada. Bombardearia "as posições", só a estrada, nem sequer os comboios de tropas, e eles, no mínimo, teriam de negociar. No recuo, Jango inverteu os papéis: ia ao Sul para, de lá, negociar e tentar abrandar o ímpeto do golpe. O máximo da sua resistência não era a resistência, mas a negociação. Ou a conciliação, marca do seu estilo.

---

* Presente, ainda, Maria da Graça Dutra, do *Correio Braziliense*, velha militante comunista e amiga pessoal de Jango. Independente como jornalista mas crente em tudo o que dissesse "o partido", naquela tarde ela me advertia que eu tivesse cuidado, pois, por ser claro e loiro, podia ser confundido "com um ianque e ser massacrado quando o povo sair às ruas" contra o golpe.

2

Todos tiveram responsabilidade no desastre. Não só os militares que deram o golpe ou os políticos que os induziram a golpear. O setor político como um todo, o Parlamento – expressão desse setor político – não se comportou muito diferente do pessoal de farda. Nos anteriores nove meses, num tempo em que a vida parlamentar ainda tinha prestígio, presenciei no Congresso um desfile de bravatas recíprocas, que despencaram como um bólido nas contínuas sessões das 48 horas anteriores à consumação do golpe. Os chamados "cardeais" da UDN – Adauto Cardoso, Aliomar Baleeiro, Bilac Pinto e Pedro Aleixo –, todos pessoalmente brilhantes e que constituíam o cerne da oposição, atiçaram o fogo e depois lançaram em plenário a equipe de reserva para manter acesa a fogueira e cuspir labaredas por todos os lados.

No lado do governo, nem todos tinham talento e raciocínio verbal suficientes para contrapor-se em oralidade aos "cardeais" da UDN e enfrentá-los de igual para igual no debate aberto. Além disso, as lideranças parlamentares governistas (no PTB ou no conservador PSD) estavam desarticuladas pelas disputas internas entre ser "mais pró-reformas" ou "menos reformista". O líder do PTB, Doutel de Andrade, rápido de raciocínio e bom orador, ainda não comandava, de fato, a sua bancada: era visto com desconfiança pelos "brizolistas" e pelo resto da esquerda dispersa por diferentes partidos, não só por ser achegado a Jango mas, principalmente, por haver derrubado da liderança trabalhista o deputado Bocayuva Cunha, meses antes. No fundo, cada qual era quase que apenas liderado de si próprio, num jogo ingênuo e intrincado, em que se alternavam vaidade e timidez, personalismo e doação à causa pública. O mais ágil tribuno da área governista, Almino Affonso, da esquerda do PTB, praticamente não pôde falar: estava afônico, rouco, após ter enfrentado com a sua palavra afiada a provocação de arruaceiros num comício pela reforma agrária, pouco antes, em Belo Horizonte.

O líder da maioria governamental, Tancredo Neves, do PSD mineiro, correto e hábil articulador, mas pouco afeito ao debate áspero do plenário, tentou usar a racionalidade para pôr ordem naquela saraivada de ataques em que a minoria do Parlamento ameaçava com o diabo pedindo a derrubada do presidente da República: quis demonstrar que a missão do Congresso era, primeiro, agir unido contra a mobilização de tropas e, só após resolver esse impasse, tratar da figura do presidente da República. Em suma, a missão do Congresso não era o golpe, mas a Constituição. A oposição, porém, apostava no golpe e a audácia transformou pouco a pouco a minoria parlamentar em maioria.

Quase sem vozes duras para rebater a UDN, o governo acabou sendo defendido pelo deputado Francisco Julião, que naqueles dias aparecia no Congresso pela primeira vez desde a sua eleição, exatamente para evitar perder o mandato por ausências acumuladas. Ferrenho opositor do governo e do próprio Jango, a quem chamava de "latifundiário e lacaio do latifúndio", Julião (eleito pela legenda do PSB de Pernambuco) falou como um general no comando de tropas e ameaçou "deter o golpe com a mobilização dos 60 mil homens armados das Ligas Camponesas", 5 mil dos quais – acrescentou triunfante – em Goiás, junto ao Distrito Federal. Com isso, só gerou terror e medo entre os indecisos.

Tudo irreal, simples bravata pueril. As Ligas Camponesas só se mobilizavam no papel para publicidade na imprensa e, após o golpe, seu líder não teve sequer como e onde esconder-se: alertado pelo "udenista" Adauto Cardoso, Julião fugiu de Brasília num esquema pessoal montado pelo advogado Miguel Pressburger, e no qual colaborei. O exibicionismo sobre essas inexistentes milícias rurais armadas, porém, era uma ameaça em si mesma e soava como algo assustador num momento em que a guerra civil esvoaçava como um espectro ambulante.

3

Não foi o debate no Congresso que provocou o golpe militar (ao contrário, o golpe em marcha é que provocou o debate). Mas sem a participação do Parlamento, sem a sua conivência com o movimento militar, a formalização ou legalização do golpe teria sido dificultosa. A oposição "udenista" tumultuou tanto e tão habilmente tudo entre 31 de março e 1º de abril de 1964 que nessa última noite o senador Auro Moura Andrade – presidindo o Congresso – abriu a sessão comunicando que "o presidente da República deixou a sede do governo" e, de imediato, sem nenhum debate, deliberação ou votação, simplesmente declarou vaga a Presidência da República. No ato, convocou o presidente da Câmara dos Deputados, Ranieri Mazzilli, para assumir a chefia do governo e encerrou a sessão desligando os microfones e se retirando do recinto. Tudo tinha durado pouco mais de 90 segundos.

Perplexos, até mesmo os parlamentares e jornalistas que antipatizavam com Jango sentiram-se racionalmente surpreendidos ou incômodos com aquela artimanha. A cilada fora perfeita. Mas era uma cilada. Como entender essa democracia em que acreditávamos cegamente se, nela, o triunfo ou a derrota dependiam da astúcia em armar a ratoeira? Como entender um Parlamento assim – que não debatia nem analisava, só impunha –, que jogava fora os ritos que servem para defini-lo como a expressão do pluralismo?

A minha geração, que crescera ouvindo falar de liberdade, pluralismo e debate, sentia-se esbofeteada. O governo estava desgastado, é verdade, e a inflação ainda da era Juscelino tinha se acentuado. As classes altas sentiam uma sensação de caos, mas os problemas provinham muito mais do dinamismo da própria sociedade – em que os trabalhadores e o empresariado reivindicavam às claras e os conflitos eram transparentes – do que de uma crise de inércia ou paralisação produtiva. Assentadas na reforma agrária, as "reformas de base" assustavam os conservadores e a crise se resumia concretamente a isso.

Era até compreensível que um setor castrense apelasse para as armas, mas era impossível entender que o Congresso se antecipasse à decisão militar e desse o golpe por conta própria. Sim, pois os governistas acreditaram, piamente, que a oposição seguiria o rito imposto pela Constituição e pediria o "impedimento" de Jango como presidente da República. A votação do processo de "impeachment"

– mesmo impelida pela sublevação militar do general Mourão – demoraria pelo menos duas semanas.

4

Talvez por tudo isso, quando vi o meu encanador entre os políticos que, a pé, se encaminhavam do Congresso ao Palácio do Planalto para "a posse de Mazzilli", recobrei a esperança. "O encanador" (como o chamávamos) era minucioso, detalhista, respeitoso das normas e levava tão a sério os procedimentos dos manuais de instrução que, se não fosse por ele, o chuveiro quente jamais teria funcionado no meu apartamento em Brasília. Quando tive problemas, pelo telefone ele me explicou tudo e, depois, chegou lá em casa de fatiota e gravata, com sua maleta de ferramentas – alicate, fita isolante, juntas, parafusos e arruelas –, e desligou o que estava malfeito, refazendo como devia ser. Sistema hidráulico era com ele. Mas não só.

Quem, como encanador, cumpria à risca os manuais de instrução teria de ser ainda mais estrito com a Constituição. Por isso, no meio dos políticos divisei confiante o jurista Álvaro Ribeiro da Costa, presidente do Supremo Tribunal Federal, cujo passatempo predileto era consertar torneiras e tubulações, e que tinha prestado grandes serviços não só à Justiça, mas também ao mal-acabado sistema hidráulico da nova capital, esgotos incluídos. Ribeiro da Costa – pensei eu – ia ao Palácio dizer que aquilo não podia ser, que era uma usurpação.

Quando entrei ao Palácio, nem pude me acercar ao presidente do Supremo Tribunal. Ele tinha ido lá como chefe do Poder Judiciário para aplaudir e dizer que reconhecia tudo aquilo. E ajudou a dar posse a Mazzilli. E, talvez mais preocupado com as torneiras que com a Constituição, ajudou a levantar o braço para a bofetada geral.

(Só muito tempo depois soube que Ribeiro da Costa havia sido sondado sobre a possibilidade de ocupar a Presidência da República numa eventual queda de Jango – fosse de que forma fosse –, como já ocorrera com o presidente do Supremo Tribunal Federal em 1945, na derrubada de Getúlio Vargas. Por isso ele se encontrava aquela noite no gabinete do presidente do Senado e, de lá, ouviu a transmissão da meteórica e insólita sessão do Congresso em que Auro Moura Andrade "declarou vago" o cargo de presidente da República. Naquela madrugada, no Palácio do Planalto, ele acreditava, talvez, avaliar a sua própria investidura nos dias seguintes, como chefe de governo interino para completar o mandato de Jango.)

5

Tomar posse significava ocupar o gabinete de Jango, sentar-se na sua poltrona. De fato, Mazzilli estava habituado a isso: várias vezes assumira como "presidente interino" – na renúncia de Jânio Quadros em 1961 e nas viagens de Jango ao estrangeiro. Agora, porém, era diferente – ele vinha para apagar os vestígios de Jango – e um deputado do PSD mineiro lembrou que faltava um general. Fosse quem fosse, era preciso "um general" presente à posse. E pelo telefone localizaram àquela hora da noite, já tarde, muito tarde, o general André Fernandes, sem comando e meio apagado no almanaque militar, mas o único disponível em Brasília naquele instante, que compareceu e foi o centro de atenção dos políticos, mesmo sem saber muito bem por que passara a ter tanta importância de um momento a outro.

Estávamos todos ali no gabinete presidencial, mas, enquanto esperavam pelo general, resolvi agir como jornalista. Desde o final da tarde Brasília era uma ilha no planalto, cercada pelo mutismo, com as telecomunicações interurbanas interrompidas, sem telex nem telefone. Não havia discagem direta em nenhuma parte do mundo e tudo se fazia pela telefonista interurbana e era demorado até mesmo quando parecia rápido. Na escrivaninha do secretário privado de Jango, no entanto, havia um telefone urbano do Rio ligado diretamente a Brasília. Um aparelho sem disco, como se fosse para comunicação interna no Palácio, mas que, ao se levantar o fone, do outro lado respondia a central telefônica carioca. Eu conhecia essa engenhoca e, nessa noite, aos poucos me aproximei e me apossei do telefone: como se falasse com a sucursal brasiliense do jornal, ditei à *Última Hora* no Rio um relato sucinto do que ocorrera.

O jornal fora invadido e parcialmente destruído por grupos de extrema-direita, apoiados pela polícia carioca, e a redação se reduzira a três jornalistas enfurnados no que havia sobrado da oficina gráfica. Tive ainda frustradas conversações com a Rádio Nacional e a TV Excelsior, que – ocupadas pela polícia estadual da Guanabara – haviam passado, pela força, às mãos de jornalistas vinculados ao CCC, o "Comando de Caça aos Comunistas".

Enquanto isso, os assessores de Mazzilli brigavam com a telefonista para falar com o Ministério da Guerra, no Rio, mas o interurbano continuava desligado e Brasília, ilhada. E o chefe de governo recém-empossado não conseguia, sequer, uma comunicação com o Ministério da Guerra, no Rio, com os verdadeiros chefes concretos de tudo aquilo.

6

Tudo tinha terminado? Ou tudo apenas começava?

Sim, assisti a cenas deprimentes, testemunhei covardias chocantes e fanfarronadas pedantes, mas também me comovi e me alegrei durante aquelas longas horas da noite de 31 de março em que tomamos a Rádio Nacional de Brasília. Literalmente a ocupamos, caneta em punho, coordenados por José Aparecido de Oliveira, que não só era deputado da UDN, mas também mineiro e, portanto, conhecia muito sobre o ventre do golpe e vomitou tudo o que sabia sobre os golpistas.

Sentamos ali, à frente das máquinas de escrever, um ao lado do outro: Evandro Carlos de Andrade (que escrevia tão rápido que as teclas soavam como uma metralhadora), eu, Almir Gajardoni, D'Alembert Jaccoud, Ruy Lopes, Nuevo José Baby e outros. Jornalistas políticos de jornais diferentes, estávamos reunidos e juntos pela primeira vez, voluntários naquela contraofensiva radiofônica com que tentávamos combater o golpe.

De pé, Aparecido sugeria ideias, sempre inventadas, sobre os personagens principais do golpe em Minas, do governador Magalhães Pinto ao general Olympio Mourão ou o coronel José Geraldo, comandante da Polícia Militar. Zé Aparecido conhecia a vida de todos e inventava verdades, contando o que estariam fazendo se pudessem fazer o que gostariam de fazer. E ria da cara de espanto dos soldados e sargentos quando ouvissem lá longe, no radiozinho de pilha, que estavam combatendo por uns apóstatas. E, assim, a contrapropaganda ganhava o ar. O éter, como se dizia. Daquelas barricadas, combatemos horas.

Só não sabíamos que a Rádio Nacional de Brasília era etérea no éter. Com velhos transmissores, nem em onda curta chegava a Belo Horizonte, Juiz de Fora ou outros pontos de Minas, alvos da nossa guerra verbal. Tiroteávamos o inimigo, mas o inimigo não notava nem sabia.

CAPÍTULO II
O CHEIRO NO AR

*Já não dirão que estou resignado
e perdi os melhores dias.*

CARLOS DRUMMOND DE ANDRADE

1

Sem esquinas, a simétrica Brasília isolava por si só, com suas avenidas sem curvas e o convívio artificial de gente dispersa, sem passado comum, sem raízes na terra. E, assim, nessa cidade sem eco nem ressonância, recém-nascida para o mundo, as primeiras horas dos primeiros dias de abril de 1964 conseguiram ocultar ou esconder a realidade que só perceberíamos mais tarde. Inesperada e forte, a bofetada tinha nos anestesiado.

Na quarta ou quinta noite após o golpe, no entanto, o acaso me leva a indagar sobre quem, em verdade, tem o poder. Nessa pacata capital que dorme cedo, meu primo Décio Freitas está saindo do meu apartamento às 11 da noite e eu o acompanho até o elevador.* Pouco antes, ao final do jantar, ele me diz que sairá de Brasília "imediatamente", e talvez do Brasil logo depois, pois "virão tempos de intolerância e policialismo".

No meu otimismo juvenil, acho-o apocalíptico, mas não lhe digo nada, até mesmo porque o elevador já vem subindo e é muito tarde. Antes que eu puxe, porém, a porta do ascensor se abre e sai

---

* Gaúcho e advogado, Décio Freitas dirigia, então, a Fundação Brasil Central, criada na década de 1940 como uma administração autárquica para desenvolver o interior de Mato Grosso, Pará e norte de Goiás. Décio fora comunista na juventude e trazia daí, talvez, a visão persecutória que em 1964 funcionou como profecia. Exilado no Uruguai, dedicou-se à historiografia, tornando-se o grande especialista em escravismo no Brasil.

um homenzarrão corpulento, um policial típico abrindo alas. E atrás, Ranieri Mazzilli, o presidente da República interino.

Surpreso, não tendo o que dizer, digo-lhe "boa noite, presidente" e, ainda mais surpreso por me ver, ele esfrega as mãos e – enquanto se encaminha para o apartamento ao lado – vai perguntando alto, da soleira da porta:

– Já está pronto o meu chazinho?

Quem mora no apartamento 501, ao lado do meu, o 502, é um bom homem, prestativo e educado, "seu" Hamilton, antigo barbeiro de Mazzilli em São Paulo e por ele nomeado alto funcionário do Parlamento. Mas é estranhamente inexplicável que o homem que cumpre um interinato tumultuado na Presidência da República – e que acaba de dar um jeito de tornar sem efeito o decreto que regula a remessa de lucros das empresas estrangeiras – venha tomar chá na casa do barbeiro no final da noite.

Convenci-me ali, naquele momento, de que Mazzilli não mandava nada – quem se preocupava com o chazinho não podia estar pensando no País – e, ingênuo e ansioso, me indaguei sobre quem detinha de fato o poder dos fatos. O oculto poder da caserna ainda não tinha escancarado o rosto. Todavia, não existia "Ato Institucional" com as cassações de mandatos, a suspensão de direitos políticos e a legalização, enfim, da intolerância e do terror do policialismo.

Só muito depois, já no governo militar, vim a saber o que acontecera com o presidente interino naquela noite e em todas as noites seguintes daqueles tempos. Oficialmente, Mazzilli tinha se mudado para o Palácio da Alvorada, mas – com medo de aí ser sequestrado à noite pelo "pessoal do Jango" ou pelos militares – dormia no apartamento do barbeiro enquanto permaneceu na Presidência.

– O Mazzilli foi, sempre, um medroso! – disse-me o senador Daniel Krieger ao me contar o segredo do barbeiro.

Naqueles ansiosos 15 dias de transição, o presidente da República se escondia à noite ao lado do meu apartamento e eu, o jornalista e vizinho enganado, desconhecia por completo. Mas, se soubesse, também nada publicaria e talvez silenciasse por inteiro. O medo já começava a nos invadir a todos. Não era preciso, sequer, que da direção do jornal, no Rio, me pedissem "cautela", como me pediam. O ar estava perfumado de medo e eu tinha olfato. Quanto mais se sabia, mais temor se tinha. Se, hipoteticamente, eu soubesse de tudo, e até visse o presidente interino tremendo de medo na cama, silenciaria ainda mais. E não só porque jornalista que se preze nunca publica "segredos íntimos", mas – sobretudo – porque o ar seco de Brasília já estava umedecido de ditadura.

2

Daí em diante, a rosca do parafuso apertou cada vez mais. Na tarde em que se confirmou que os três comandantes militares "baixariam" um Ato Institucional, atribuindo-se plenos poderes para punir, cassar mandatos e os direitos dos cidadãos, o rosto de Adauto Cardoso tornou-se tão branco quanto a sua precoce cabeleira branca. Ele fora o arquiteto da investida parlamentar contra Jango, mas – na audácia do arroubo – não percebeu que a derrubada do Presidente Constitucional levaria à ditadura pura e simples.

Ao mostrar a cara, a ditadura podia perder mas também ganhava adeptos. Quando os três ministros militares comunicaram ao Congresso a primeira lista dos parlamentares "cassados", o fluminense Afonso Celso, vice-presidente da Câmara dos Deputados e do PTB, se negou a ler o ofício em plenário, em rebeldia à punição. O obscuro quarto secretário, o catarinense Leloir Vargas, tomou-lhe o papel das mãos e correu para formalizar a cassação, lendo solene e pausadamente, de um a um, os nomes daqueles que o comando militar expulsava do Parlamento.

Nos dias seguintes, novas listas e o mesmo procedimento. Alguns suplentes (como o carioca-gaúcho Croacy Oliveira, do PTB e assíduo pedinte no gabinete de Jango) ficaram à porta do plenário, esperando a leitura das cassações, para, em seguida, serem chamados a entrar e, entre risos e abraços, assumir o lugar dos titulares punidos.

Nesse clima, o Congresso foi convocado a votar publicamente o nome do marechal Humberto Castelo Branco como presidente. Em voz alta, os deputados e senadores gritaram o voto. À vista dos que cassavam.

3

Paulatinamente, as duas partes – o Congresso e a caserna – iniciaram, a partir de então, um mútuo jogo sedutor de cinismo político. Um necessitava do outro para sobreviver.

Ou por não terem tido força, ou por terem sido brandos, ou por se terem dividido ao tomar o poder, os militares vitoriosos em 1964 mantiveram abertos o Congresso, as Assembleias Legislativas estaduais e as câmaras municipais, instalando um regime *sui generis*, único no mundo. Essa ditadura com eleições, com partidos políticos e com Parlamento não representou para o poder militar apenas um respiradouro externo para facilitar, por exemplo, o apoio recebido dos Estados Unidos, mas – muito mais do que isso – ajudou a descomprimir a situação interna.

Não se elegia presidente nem governador ou prefeito de capital, mas as eleições legislativas, ao criarem antagonismos e disputas (às vezes, até disputa político-ideológica entre esquerda e direita), davam uma sensação de normalidade. As desavenças mais sérias se dirimiam na euforia do futebol, enquanto a loteria esportiva e o descobrimento das "bolsas de valores" acendiam a ilusão de riqueza.

Nos dois lados – a favor ou contra o governo – surgiu a figura do "político profissional", para o qual o importante passou a ser o estardalhaço para "ganhar eleição", nunca um projeto de ação para a sociedade. Apoiadas na mercadologia das agências de publicidade, as campanhas fizeram-se entusiastas mesmo perdendo o significado político. Disputava-se uma eleição como uma partida de futebol. O pluralismo era postiço e falso, mas poucos o percebiam.

Os militares necessitavam do Parlamento. Cada vez o Congresso tinha menos funções e menos poder, mas seus membros seguiam discursando ou discutindo mais e mais, e ao mesmo tempo contratando mais funcionários e assessores. Assim, precisavam dos militares no poder e cada dia mais dependiam deles. Em Brasília, o edifício do Congresso, projetado por Oscar Niemeyer na democracia anterior a 1964, tornou-se pequeno e sem espaço nos tempos da ditadura, depois de 64, e foi-lhe preciso construir anexos, com túneis de acesso subterrâneos e esteiras movediças.

A meta: construir a ficção perfeita de democracia. Assisti em Brasília ao início desse intrincado jogo de faz de conta, em que os inimigos históricos se seduziam mutuamente, um necessitando do outro, para sobreviver individualmente. Assisti a esse jogo e ele ajudou a me levar por outros caminhos.

4

Oito anos mais velho do que eu, meu irmão José nunca fora de esquerda e era, até, crítico acérrimo da militância comunista do irmão do meio, Milton, que só conseguia ser aceito na nossa conservadora cidadezinha pelo seu irrebatível verbo de advogado, que resolvia por igual as pendências do padre ou do pastor luterano, dos pobres e dos ricos. No dia seguinte ao golpe, porém, José foi preso, numa daquelas vingativas picuinhas pessoais de província. Levado a Porto Alegre, ficou mais de um mês trancafiado, sem que o acusassem de nada, mas isso – que num regime de garantias e liberdades o salvaria – de fato o complicou. Se nada havia contra ele, nem sequer podia defender-se. Mas, já que estava preso, havia que esperar até que surgisse algum indício que o incriminasse em alguma coisa, fosse o que fosse.

Tive de apelar ao senador Krieger, que intercedeu para libertá-lo e se riu muito do rito acusatório dos carcereiros:

– Teu irmão está acusado de não ter feito nada, mas só queriam soltá-lo quando descobrissem que ele fez alguma coisa! – disse-me Krieger numa gargalhada que, no fundo, disfarçava a profunda incomodidade que um autêntico liberal, como ele, já começava a sentir do regime que ajudara a formar.

5

O adulador sempre repartiu salamaleques pelos labirintos do poder como se tomasse café na cozinha da própria casa. Sendo um rebotalho histórico das capitanias hereditárias da Colônia, jamais foi um estranho na política, mas nunca tivera prestígio nem desfrutara de status. Nem sequer no regime fechado do Estado Novo. Era um intrometido apenas.

A partir de 1964, no entanto, quando se entroniza o dogma da "segurança interna", baseado na suspeita de que toda reivindicação é uma sabotagem subversiva, o adulador desponta como modelo. E, logo, avança um degrau e se transforma no delator, incorporando-se ao quotidiano político com força arrebatadora e poder ostensivo. O alcaguete só não foi elevado à condição de "herói patriótico" (como na Alemanha de Hitler, na Itália fascista e na URSS de Stalin) porque o sarcasmo público o reduziu a uma expressão satírica: o "dedo-duro".

O termo ainda não era muito usual quando eu fui preso pela primeira vez. No dia 5 de maio de 1964, às 11 da manhã, um grupo da Polícia Civil cercou a sucursal da *Última Hora* em Brasília, uma casa na Avenida W3, e o responsável pela operação polidamente avisou que estavam me prendendo ali porque não conheciam meu endereço. Acatei, mas disse que, antes, precisava telefonar e eles também acataram. O senador Krieger estava viajando. Outro "udenista", o deputado Djalma Marinho, do Rio Grande do Norte, amigo fraterno, disse que iria "agir". O líder da bancada do PSD, o cearense Martins Rodrigues, lembrou que nos dias em que fora ministro da Justiça de Mazzilli tinha conhecido o atual chefe de Polícia, "um coronel correto", e que o chamaria.

A polícia já era polícia, mas não tinha prática de prisão política e os homens e os hábitos ainda eram os do sistema democrático. Disse que iria dirigindo o meu automóvel e eles concordaram. Despedi-me de meus colegas sem dramatismo. Todos éramos noviços, crianças sem noção do perigo, e a prisão ainda não era um drama.

Na Polícia Federal não sabiam ao certo por que eu estava lá e me levaram ao Batalhão de Guardas Presidenciais, então a principal unidade do Exército em Brasília. Fiquei sozinho 50 horas num salão cheio de beliches, visitado apenas pelo oficial de dia, que vinha me perguntar se eu precisava de "alguma coisa". Para as refeições, levavam-me à cantina sob a escolta de um soldado, fuzil em riste, em passo de ganso pelo pátio, o que me dava status e espantava a centena de outros presos, que me observavam de longe. Na tarde do terceiro dia, um oficial me interroga para saber como eu consigo ser, ao mesmo tempo, "secretário do Luís Carlos Prestes e do Brizola", além de jornalista.

Tudo o que havia contra mim, e me levava à prisão, era "uma denúncia" acusando-me de unir o absurdo e o impossível na época: Prestes, dirigente do PCB, a quem em verdade eu pouco conhecia, e Brizola, deputado da esquerda do PTB, estavam em posições opostas, praticamente irreconciliáveis, há muito, e não tinham sequer contacto indireto. Sério e cortês, o oficial interrogador conclui que eu fui "vítima de uma delação irresponsável" que só o fazia perder tempo.

Horas depois, sou levado ao gabinete do chefe de Polícia, coronel Serra. Recém-chegado de uma recepção ao presidente da Alemanha Federal, em visita a Brasília, ele me recebe em uniforme de gala e, cortesmente, me comunica que estou livre. Diz que, além disso, tem "uma surpresa" a me dar e, quando penso que é o cafezinho que me servem, ele próprio abre a porta do gabinete e manda entrar minha mulher, que esperava numa das antessalas.

Nessa noite, o noticiário da *Voz do Brasil* informou oficialmente que, detido por "um lamentável equívoco", eu já me encontrava em liberdade. A figura do delator grande ator, no entanto, começava a despontar. Ainda não tinha força, mas seu cheiro já estava no ar.

CAPÍTULO III
A REAÇÃO MORAL

*...tudo depende da hora
e de certa inclinação feérica.*

Carlos Drummond de Andrade

1

Em junho de 1964, menos de dois meses e meio após o golpe militar, fiz 30 anos e me senti um velho despedaçado, massacrado pelo peso de ser obrigado a calar-se e pela sensação de começar a viver entre muros, observado, vigiado, fiscalizado. E, portanto, mandado. O isolamento de Brasília (e da função de ser colunista político quando a política concreta começava a não existir) talvez agravasse ainda mais essa sensação de não ter feito nada, de ter-me tornado um inútil.

Lembro-me nitidamente: sentei-me no chão da sala do apartamento e exteriorizei minha angústia ao pequeno grupo de amigos com que compartilhava meu aniversário. Todos mais velhos que eu, mas eu é que me sentia o velho.

Daí em diante, o caminho para aderir ou participar da resistência tornou-se cada vez mais curto e mais natural. De fato, não fiz uma opção política: tive uma reação moral.

Quis ficar em paz comigo mesmo. A ética cristã pesou mais que as ideias socialistas ou a visão nacionalista. Senti-me impelido a dizer "não" a essa galopante desagregação humana que levava de roldão tudo o que havíamos aprendido sobre política e, mais que isso, sobre convivência. Desconhecidos estilos de comportamento se incorporavam ao controle da sociedade. O "dedo-duro" e o adulador disputavam as primazias e as bem-aventuranças, apontando "subversivos" ou aplaudindo despudoradamente tudo o que viesse do novo poder. Ao calor da desconfiança e da adulação, nascia um enfermiço "anticomunismo", fantasmagórico e onipresente. Tudo aquilo com que o regime não concordava era rotulado de "comunista", uma forma de proscrever e jogar ao lixo qualquer ideia nova ou mesmo a tradição antiga. Aos borbotões, como cogumelos na relva após a chuva, viam-se "comunistas" por todos os lados. O preconceito substituiu o debate e proscreveu a realidade em si.

A expressão "Revolução de 31 de março" – escrita assim, com inicial maiúscula – tomou conta da imprensa e do diálogo coloquial. Certo dia, escrevi em minha coluna "movimento de 1º de abril" e a reação militar foi imediata: sugeriram-me diminuir o tom irônico. A ideia de logro ou embuste do 1º de abril não agradava aos assessores brasilienses do ministro do Exército, dois coronéis afáveis e cordatos que, no entanto, não aceitaram o meu argumento de que, pela cronologia histórica, devia valer a data do triunfo do movimento. E esta era 1º de abril. A imprensa não estava sob censura direta, e se podia até atacar ou esbravejar – como o fazia Carlos Heitor Cony, que, meses antes, paradoxalmente, tinha pedido a derrubada de Jango como redator dos furibundos editoriais em que o *Correio da Manhã* pregava o golpe de Estado. A minha tênue ironia, porém, matava e era inadmissível.

Criada e educada para o debate e a crítica, não para a obediência cega ou o aplauso irrestrito, a minha geração tinha vivido até 1964 num sistema aberto que se apoiava na discussão e fazia da palavra uma espécie de bisturi para dissecar as entranhas de um país e de uma sociedade que ninguém sabia exatamente para onde devia ir. A democracia era capenga, cheia de falhas, vícios e injustiças, mas não se poderia exigir muito mais dela nos seus adolescentes 19 anos. Afinal de contas, tudo recém começara em 1945, quando o final da Segunda Guerra Mundial criou a fantasia ou a esperança de um mundo novo, que o regime fechado implantado em 1964 transformava no simples frigir de um ovo.

O velho de 30 anos teve uma reação moral. Só isso.

2

Há coisas e objetos mágicos na vida: as fotografias antigas, os livros, as cartas familiares. Desprender-se disso é uma mutilação.

Nas horas seguintes à minha prisão (antes de saber-se que se tratava de "um lamentável equívoco"), um casal amigo arrebanhou na minha casa tudo o que pudesse ser "comprometedor": fotos com Getúlio, Jango, Brizola, Arraes ou o Che Guevara. Ou o original daquele telegrama de Chu en-Lai, em francês, propondo ao presidente do Brasil aderir a um projeto chinês de proibição total de armas nucleares, ou aquele cartão manuscrito do Yúri Gagárin ao Jango, em alfabeto cirílico. E livros, sobretudo. Todos os de sociologia, política e economia, mais os poemas de Maiakovski, os romances de Gorki e o teatro de Brecht. Tudo. Mais que tudo ainda, aquela passagem do trem transiberiano, de Moscou a Pequim, nos idos de 1954, numa viagem que fiz como dirigente estudantil e que, agora, passava a ser crime. E, na dúvida, até as cartas da minha mãe.

Veteranos ex-comunistas, marcados pela sanha persecutória, Dirce Drach e Miguel Pressburger não exageravam, apenas eram experientes e conheciam o deleite dos repressores. Levaram tudo e enterraram num descampado de terra fofa, perto da Universidade.

Quando soube, senti como se fosse meu enterro antecipado.

3

Ao longo de 1964, na Universidade de Brasília tornou-se inviável retomar o projeto de frei Matheus Rocha, no qual eu me engajara, de criar uma Faculdade de Teologia multidisciplinar, que tentasse decifrar e dissecar os novos deuses que já se faziam presentes: a TV e os meios de comunicação, as finanças, o poder de compra da sociedade de consumo. Ainda não tinham aparecido os shopping centers, mas os bancos já começavam a transformar-se nas novas catedrais, e uma teologia assim, que pesquisasse no interior da sociedade e não se limitasse a soletrar as escrituras bíblicas, só podia ser subversiva.

O dominicano frei Matheus nem sequer pôde continuar como vice-reitor. A Faculdade de Teologia era o mais belo e funcional de todos os projetos arquitetônicos de Oscar Niemeyer, mas isso só nos complicava ainda mais.

– Um comunista confesso projetando uma Faculdade de Teologia? Como pode ser? – ouvi o ministro da Educação perguntar ao novo reitor, que, mesmo designado pelos militares, tentava preservar o essencial de uma instituição que nascera para ser modelo como centro de pesquisa e autonomia universitária.*

Ao se tornar inviável essa teologia que pretendia desbravar os novos deuses instalados na sociedade moderna, fui arrebanhado por Pompeu de Souza para a Faculdade de Comunicação de Massas, que ele reorganizava há tempos na UnB. Em poucos meses de 1964, Pompeu conseguiu reunir uma equipe sólida e homogênea: Nelson Pereira dos Santos e Paulo Emílio Salles Gomes na parte de Cinema e Décio Pignatari em Publicidade. Diplomata (e exercendo o mandato de deputado federal), Afonso Arinos Filho ficou com a área de História Contemporânea e eu – o mais jovem deles todos – com uma disciplina nova, chamada "História da Imprensa e da Opinião Pública". Pompeu coordenava o setor de Jornalismo, além da faculdade em si, e trouxe também outros muito moços: Jean Claude Bernardet e sua mulher Lucila Ribeiro como assistentes em Cinema, Alberto Gambirasio em Jornalismo e o jovem diplomata Afonso de Ouro Preto como assistente em História.

A Faculdade de Comunicação de Massas tinha em Pompeu o núcleo, êmulo e motor. A ideia e designação eram tão novas e suscitavam tanta desconfiança que ele próprio, que vivera em Nova York

---

* Após a invasão do campus, nos dias seguintes ao golpe, e uma *razzia* inicial de demissões a esmo, o primeiro reitor da Universidade de Brasília no período militar, Zeferino Vaz, manteve os fundamentos do projeto pioneiro criado por Darcy Ribeiro, Anísio Teixeira e frei Matheus Rocha. Em meados de 1965, porém, ao relutar em demitir outros professores, foi forçado a renunciar.

na juventude, tinha de explicar sempre, e a todos, que a expressão nada tinha de "subversiva" e era tão só a simples tradução do "*mass communication*" do idioma inglês.

4

Levei anos para aprender, e só fui aprender nos anos da ditadura, que ter medo não é apenas tremer de medo ou baixar a cabeça – obediente e resignado –, ou dizer "sim" quando quiséramos dizer "não". Há outro medo, muito mais profundo, que disfarça e não mostra o medo que tem, exatamente porque teme tanto que tem medo de aparentar medo. É o medo que engendra a omissão, o não se importar com o que ocorra, ou o não se assumir em nada. É um medo-fuga. E é, talvez, o único medo essencialmente perigoso, porque, estando próximo à covardia, nos torna cínicos e, como tal, nos destroça.

No exame vestibular do início de 1965 na Universidade de Brasília, corrigi as provas de Português, comum a todas as carreiras. Éramos cinco ou seis examinadores e cada prova de redação devia ser avaliada por três professores. A nota final surgia da média aritmética dos três e as provas eram assinadas pelo próprio candidato no alto da folha.

Entre os milhares de provas, surgiu uma que todos quiseram ler mas à qual ninguém quis atribuir nota. O autor era o jovem Golbery do Couto e Silva Júnior, filho do general de mesmo nome, fundador e organizador do Serviço Nacional de Informações (SNI), além de eminência parda do governo Castelo Branco e o verdadeiro poder detrás do trono. Todos fingiam que não tinham visto o que viam: aquela redação nem maravilhosa nem má, razoável, sem grandes inventivas mas também sem grandes erros. Não recordo o tema básico, mas lembro que o rapaz elogiava o marechal Castelo Branco e o chamava de algo assim como "patriota viril e emérito presidente".

Todos riram da adjetivação, mas ninguém estampou nota nem assinou. Não havia sequer razão para rir, pois não estávamos corrigindo opiniões, mas forma de redigir, com o que verificávamos o conhecimento do idioma. A verdade, porém, é que não atribuíamos nota nem assinávamos por medo. Unicamente por isso. Mas aquele medo disfarçava, no fundo, também uma discriminação político-ideológica contra Golbery Júnior por ser filho de quem era, só por isso. (Eram os tempos em que Golbery pai pregava "a guerra total, indivisível e permanente" e via o mundo bipolarizado entre bons e maus, entre anticomunistas e pró-comunistas.)

O medo, ou o preconceito ou a ira, nos levava a fazer contra eles exatamente o que criticávamos que eles faziam contra nós. A ideologia dominante já nos tinha dominado.

Tomei a prova e dei nota equivalente a 6 na "primeira leitura", logo outra igual na "segunda leitura" e, finalmente, um 6,5 para a "terceira leitura" e assinei três vezes. Assim, cumpri as regras e tirei de mim aquele medo-fuga.

Golbery Júnior entrou à universidade e foi excelente aluno.

5

Em outubro de 1965, quando explodiu a crise na Universidade de Brasília, eu já estava entregue de corpo inteiro à conspiração. Mas ninguém sabia disso, a não ser os conspiradores. Para não me expor (bastava já minha coluna política diária), não ia sequer às assembleias de professores. O corpo docente estava unido contra as estripulias do novo reitor e uma voz a mais não fazia falta.

Logo após o Ato Institucional nº 2, quando o reitor interventor encheu-se de brios e, de enxurrada, demitiu 15 professores, eu era um deles, para o espanto de todo mundo. Solidários com os demitidos, uns 150 professores renunciaram e os cursos foram interrompidos em toda a UnB.

Surpresos com a demissão, meus amigos jornalistas tomaram a iniciativa de pedir que o senador Daniel Krieger expusesse o caso ao marechal Castelo Branco. Naqueles dias, Krieger despontava como o homem-chave no Congresso: era presidente da Arena, o recém-criado partido oficial, e líder da bancada governista. Humano e interessado, levou meu caso ao presidente, que o ouviu atento e, confessando que nada sabia do assunto, prometeu averiguar "no mais curto prazo".

Dias depois, o presidente o chamou e disse que nada poderia fazer:

— Se o seu recomendado tivesse apenas ideias comunistas, eu não teria problemas em mandar reconduzi-lo. Fui informado, porém, de que, além de comunista, ele é propagandista do nazismo e obrigava os alunos a ler Hitler — disse Castelo, mostrando-lhe um "relatório confidencial".

O senador remexeu-se na poltrona e, ao vê-lo estupefacto, franzindo a testa, o marechal-presidente arrematou:

— Desculpe-me, mas eu fui da FEB, combati o nazismo nos campos de batalha e não posso ajudar a um propagandista de Hitler!

Encabulado, Krieger relatou-nos o encontro com o presidente. Leal com os amigos (e eu era um deles), no fundo ele se surpreendia da minha "propaganda de Hitler", e até mesmo se sentia "um pouco envergonhado" e indagou de onde viria isso.*

A conclusão do presidente da República era tão perfeitamente absurda que eu nem pude rir ao contar a origem de tudo. Na bibliografia de estudo e pesquisa nas fontes, eu tinha sugerido aos alunos a consulta a vários livros, entre eles dois essenciais para entender a formação da opinião pública pela propaganda política na primeira metade do século: *Que Fazer?*, de Lênin, e *Mein Kampf* [*Minha Luta*], de Hitler.

Eu lecionava História da Imprensa e da Opinião Pública, que, pelo direito e avesso, era política pura. E numa universidade, não num curso de corte e costura. A tesoura dos "dedos-duros" do SNI, no entanto, tomava detalhes a esmo para impedir a costura de ideias.

---

* Foram a Krieger os jornalistas Carlos Castelo Branco (*Jornal do Brasil*), Benedito Coutinho (*O Cruzeiro*), Otacílio Lopes (*Diário de Notícias*, RJ), Evandro Carlos de Andrade (*O Estado*, SP) e Napoleão Saboia (*Correio Braziliense*).

Krieger entendeu que, se não fosse trágico, tudo seria cômico, mas – leal como era – defendeu o presidente:
– Ele foi correto, só esteve mal assessorado – disse, talvez disfarçando o que já intuía: aquilo era o estado policial em plena ebulição.

CAPÍTULO IV
Os CONSPIRADORES

*Querer o esquecimento é a maneira
mais aguda de se recordar.*

Gaston Bachelard

1

Já em 1964, começamos a "conspirar", assim mesmo, entre aspas, mais como um devaneio ou uma expressão de desejos da nossa reação moral, sem saber aonde queríamos chegar. De conspiração não sabíamos nada. Nenhum de nós tinha aqueles cursos que os comunistas faziam ("curso Stalin", "curso Lenin") que os tornavam mestres em dialética e bombas molotov ou até em comunicar-se por uma piscadela de olhos ou por sinais secretos que só eles identificavam, como os maçons. Nós, ao contrário, o máximo que sabíamos de conspiração era o que ainda recordávamos do filme *Casablanca* e Brasília nos parecia uma espécie de Rick Caffé, com os inimigos se encontrando na sala de jogo.

Nessa cidade sem esquinas nem esconderijos, onde todos sabiam quem era quem, nossa primeira reunião clandestina "ampliada" foi perfeita: na maior loja de eletrodomésticos, na movimentada avenida W3, entramos e saímos da gerência como se fôssemos clientes interessados nos favores do crediário. Mas lá não voltamos: Dilson, o gerente, filho do almirante Aragão (o militar nacionalista mais odiado pela direita), dera emprego a uma dezena de ex-fuzileiros e marinheiros expulsos da Armada após o golpe e a loja tornou-se visada e bisbilhotada. Na reunião seguinte, cada qual escolheu seu cognome, ou "nome de guerra", e ele é que valeria daí em diante.

A fauna inicial dos conspiradores era variada e incluía, por exemplo, dois irmãos gaúchos, bons de tiro e altos funcionários, que iam às reuniões de pistola 45 à cintura, em pleno dia. Há muito, desde antes do golpe, ambos frequentavam minha casa como meus conterrâneos e a empregada reconheceu quando um deles lá chegou, num sábado em que ela estava sozinha no apartamento.

– O "seu" Rubinho esteve aqui com um "revolvão" grande escondido na camisa. Mas, engraçado, deu outro nome e mandou que eu lhe dissesse que ele era o Alfredo, e que eu não esquecesse que ele era o Alfredo – contou a empregada, boquiaberta e tão surpresa quanto eu por aquela súbita mudança de nome, fora do registro civil.

2

Aos poucos, na decantação natural, o pó assentou-se e a água fez-se límpida. Os militares foram se consolidando e os conspiradores mais afoitos, que apostavam numa "virada" rápida, afastaram-se lentamente da conspiração. Um dia, um deles me telefonou dizendo que o ministro do Trabalho o convidara para assessor e, como se aquilo fosse o mais natural do mundo, ainda frisou:

– A gratificação até não é grande coisa, mesmo com uma passagem semanal ao Rio com diárias pagas, mas vou poder trabalhar para a classe trabalhadora!

– Ótimo. Vai ser muito bom para os trabalhadores! – respondi e ele agradeceu como se não entendesse a ironia.

Uma semana depois, marquei uma audiência e fui visitá-lo no gabinete do ministro, o coronel Peracchi Barcellos, do Rio Grande do Sul, homem afável e correto, mas que pouco sabia das relações empregado-patrão. O assessor e ex-conspirador me recebeu radiante e eu fui direto:

– Preciso de 80 carteiras de trabalho em branco, com numeração salteada, além da cópia dos carimbos autênticos das delegacias regionais de São Paulo, Rio e Minas!

Ele suspirou fundo, pensou uns segundos e respondeu:

– Eu me comprometo. Só me dá um tempo!

Em seguida, me levou sorrindo ao ministro. E, menos de 15 dias depois, cumpriu o prometido. Começava a resolver-se o problema de documentação dos ex-fuzileiros e marinheiros cassados, todos clandestinos e procurados pela Justiça Militar, mas o ex-conspirador mudou de lado definitivamente.

3

Propício mesmo para a conspiração era aquele clima de Montevidéu: liberdade absoluta, partidos de todos os matizes e todos legalizados (até os trotskistas e anarquistas, estigmatizados no resto do mundo, lá tinham sede, bandeiras, jornais e congêneres). E, além de tudo, muitos livros e revistas contando da utopia e da revolução. Tudo à mostra, tal qual aquelas centenas de brasileiros exilados, que enchiam os cafés da Avenida 18 de Julio ou da Rua San José ou de Pocitos e sonhavam com a volta. Juntos mas não misturados, ministros do governo deposto, oficiais, deputados, porteiros de ministérios, subalternos da Armada, dirigentes sindicais. Gente do Norte e do Sul do Brasil contando os planos e os êxitos de uma guerrilha hipotética, para a qual já marcavam data. Inclusive a do triunfo.

A capital do Uruguai era a meca da revolução nacionalista-popular no Brasil. Em meio a esse delírio, naquele início de janeiro de 1965 – oito meses após o golpe –, em férias, visitei Montevidéu e encontrei Jango conformado em esperar e Brizola decidido a "ganhar tempo" e resistir. Ou atacar. Os cunhados nem sequer se falavam mais.

– Nem pergunta à Neusa pelo Jango, pois nem por telefone ela tem falado com o irmão – alertou-me Brizola sobre a esposa, retratando uma situação que, depois, se estenderia por longos anos.

Jango ajudava a subsistência de boa parte dos exilados, e a isso se resumia sua atividade política. Em contrapartida, Brizola reunira em torno de si um pequeno estado-maior e comprara uma granja onde dezenas de brasileiros plantavam tomates e se preparavam psicologicamente para, mais tarde, receber instrução de combate.

Com modos de aristocrata, mas amplo e receptivo, o ex-deputado socialista Max da Costa Santos – uma das figuras mais sérias que rodeavam Brizola, na época –, com voz pausada e dicção perfeita, leu-me o texto do documento da insurreição: "A palha está seca". Bastava uma chispa e tudo se incendiaria. Coloquial e bem escrito (com as ideias de Brizola e o estilo de Max e Betinho), o manifesto era cativante. Só que irreal. Soube que era irreal, no entanto, só anos depois, quando ficamos sozinhos e vimos que tudo era fantasioso: a palha não estava seca. Ou nem palha havia. Só vento e medo.

4

Voltei depois a Montevidéu uma dezena de vezes, já não em férias, abertamente, mas clandestino. Ou incógnito, para ser exato, pois não era outro – não mudava a identidade –, mas eu mesmo, sem que ninguém soubesse que eu era eu. Em avião, ia de Brasília a Porto Alegre e de lá em ônibus a Jaguarão, na fronteira com o Uruguai, e ali cruzava a ponte sobre o rio, a pé, como a gente do lugar: só com a roupa do corpo, sem nada nas mãos. No vilarejo uruguaio tomava o "carro-motor", um trem pequeno, desconfortável mas rápido na percepção de tempo daquelas bandas, que em cinco horas me deixava em Montevidéu. Ninguém pedia documentos.

Em meados de 1965, viajei a chamado "urgente" de Brizola, que, então, já morava em Atlântida, um balneário a 70 quilômetros da capital, onde fora "internado" por imposição do governo brasileiro, que o acusava de desenvolver atividades políticas no território uruguaio. Ele abandonara a ideia inicial de "rebelião nos quartéis" e não necessitou de muitos argumentos para me convencer de que o foco de guerrilha era a nova alternativa. Brizola estava literalmente inundado pela concepção de guerrilha, lia revistas do Vietnã do Norte e me contou, inclusive, que fazia exercícios de tiro e assalto a baioneta. (Seu instrutor, o coronel Atilo Escobar, da Brigada Militar gaúcha, com formação convencional de quartel, mesmo sendo homem de pouca leitura, já estava lendo – ou prometera ler – o manual de guerrilhas do Che Guevara.) Toda a veemência dos seus

43 anos concentrava-se em defender "o foco". Nesse quadro, ele me apresentou aqueles dois moços recém-chegados "da ilha", tão bem treinados que já não eram gente, "mas bichos como macacos, que ficam uma semana em cima de uma árvore, escondidos".

Integrados ao grupo do Distrito Federal, eles implantariam o foco guerrilheiro do Brasil Central, aquela ideia-sonho que todos ansiavam ver concretizada e que despontava nas fantasias e nas ilusões como a labareda libertadora que se estenderia pela palha seca. Um deles, Olímpio, presidente da União Brasileira de Estudantes Secundários em 1964, era de Goiás e, portanto, conhecia a região. O outro, um dos mais aguerridos líderes dos marinheiros, acumulara "na ilha" um currículo de combatente classificado de "invejável".

Dizia-se "ilha" ou "Ponto Um" e todos nós sabíamos que era Cuba, nome tão impronunciável como nossos próprios nomes. Brizola me chamava de Félix ou Feliciano e tinha adotado para si as denominações dos meses – Januário, Júlio, Agostinho, Setembrino –, mas no fundo isso era só nas mensagens e cartas, porque no vis-à-vis ele era "o comandante" e gostava de ser tratado assim. Entre nós, o chamávamos de Pedrinho, mais fácil e coloquial.

A partir de então, tudo mudou e nossas responsabilidades se multiplicaram. Teríamos de esconder dois "comandantes vindos da ilha" e criar-lhes o suporte para, a médio prazo, implantar um foco combatente, escolhendo a área, conseguindo as armas e o resto do pessoal. Os fundos financeiros, liberados diretamente por Brizola, viriam de Montevidéu, o que era uma forma de disfarçar a procedência cubana daquelas cédulas de 100 dólares (pouco usuais na época) que nos chegariam meia dúzia de vezes.*

5

A viagem dos dois "guerrilheiros-bichos" foi tão clandestina que eles chegaram a Brasília muito antes da data combinada e só me restou

---

* Em outubro de 1979, logo após voltar do exílio, numa entrevista, à Rádio Guaíba de Porto Alegre, Leonel Brizola contou ter recebido fundos de Cuba para aplicar nas tentativas de foco guerrilheiro.

acolhê-los em minha casa nas horas iniciais. Minha mãe viera do Sul a passeio e, quando ela própria serviu cafezinho, o estudante de Goiás já havia saído e eu lhe apresentei o ex-marinheiro como "um colega do Nordeste, jornalista em São Paulo". Ele vestia fatiota e gravata e sua conversação era similar à de um jornalista, mas – ao sair –, quando ele voltou a cumprimentá-la, minha mãe o olhou desconfiada.

Logo depois, me comentou:
– Este sujeito não é jornalista. É militar!
– Ué! Por quê? – indaguei.
– Porque ele bateu os calcanhares, em posição de sentido, antes de me estender a mão, nas duas vezes!

6

O salto do sapato do marinheiro Zé Duarte, no reflexo condicionado dos anos de quartel e navio, tinha feito naufragar um dos segredos mais bem guardados da futura guerrilha. Mas isso não era problema. O grupo de apoio de Brasília tinha se fortalecido com o novo pessoal do Georges Michel Sobrinho, esse "turco" goiano sóbrio e ágil que dirigia os secundaristas. Tão austero que jamais indagou a que se destinava o que fazia. Intuía, é claro, mas sabia por intuir, não por perguntar. Os estudantes teriam, agora, missões mais sérias a cumprir do que repudiar o acordo MEC-Usaid e, para não chamar a atenção – e, muito menos, marcar-se perante a polícia –, deveriam sacrificar, inclusive, o protesto de rua ou aquelas constantes manifestações defronte à Casa Thomas Jefferson, sede cultural da Embaixada dos Estados Unidos, que costumavam impedir o trânsito na Avenida W3.

Além de Michel, a vanguarda estudantil era integrada por outros 15, dos quais 14 eram goianos, cada qual mais destemido que o outro. Até mesmo Barbosa, com sua perna esquerda artificial, uma prótese que usava desde a amputação por um acidente na meninice. Todos adotaram um "nome de guerra". Para complicar o inimigo, os homens puseram-se nomes femininos e as mulheres, masculinos.

Todos riram-se muito com aquela transformação revolucionária de "*home virá muié e muié virá home*", mas levaram a sério.

Dias depois, toca o telefone e eu identifico, no ato, a voz grossa, quase cavernosa do Barbosa, que vai dizendo:

– Aqui é a Alzira. Eu quero falar com...

– Quem? – perguntei cortante, para chamar a atenção, e ele retorquiu com a maior naturalidade:

– A Alzira! Quem fala é a Alzira, não está lembrado?

– Deixa de brincadeira, Barbosa, deixa de bancar a mulher dando trote por telefone! – respondi e só então ele entendeu que nome de mulher de guerra era para a guerra, não para o telefone.

7

Os dois "comandantes guerrilheiros" tinham ficado um ano em Cuba, algumas semanas no Uruguai e não foi fácil trancafiá-los em Brasília, enquanto se procurava uma área rural para os acolher. Alojados ou escondidos no apartamento desocupado de um parlamentar*, saíam à rua apenas por uns instantes no início da noite. Sem hábitos de vida clandestina, começaram a se impacientar. Uns dez dias após a chegada, o estudante de Goiás foi se encontrar com os pais e não voltou mais. O seu companheiro permaneceu firme, mas – sozinho no apartamento – pôs-se ainda mais tenso.

Numa manhã, ele me chama pelo telefone, nervoso:

– O prédio está cercado pela polícia e eu estou cercado. Vou sair pela janela, mesmo que seja me atirando!

Ele estava no terceiro andar e uma fuga pela janela podia ser fatal. O cerco me surpreendeu: só eu sabia que ele estava naquele lugar, mais ninguém. Pedi que esperasse uns minutos até a minha chegada e, ao chegar, encontrei o edifício tomado pela polícia. Perguntei o que acontecia e me explicaram que dois apartamentos do sexto andar haviam sido "invadidos" e que a ordem era impedir

---

* O deputado Zaire Nunes Pereira, do PTB gaúcho, solidário com a resistência armada, foi cassado pelo Ato 5, no final de 1968. Era primo do general Adalberto Pereira dos Santos, vice-presidente no governo Geisel.

novas invasões. Isso era comum em Brasília naquela época: quem não tinha apartamento invadia os que estavam vazios. (E desde o golpe de Estado havia dezenas, ou centenas de apartamentos vazios.) O recém-chegado comandante guerrilheiro, porém, entrara em tal estado de prostração que já queria descer reto do terceiro andar ao chão.

8

As viagens ao Uruguai me provocavam uma sensação dúbia de confiança e melancolia. Solitário, do trem eu divisava aqueles campos infinitos e frios e me perguntava – com inexplicável amargura – para onde iríamos? Ao chegar a Montevidéu, vinha o otimismo e, quando me transladava a Atlántida, a pertinácia de Brizola transmitia a todos um vigor que podia ser efêmero e apagar-se logo adiante, frente aos fatos, mas que no próprio instante era profundo.

Arrebatador? Talvez. Por que não?

Permanentemente, Brizola calçava botinhas de cano curto, como um gesto de alerta, numa promessa a si próprio: "Só tiro essas botas quando voltar ao Brasil", disse-me certa vez e eu percebi que não brincava. Voltar ao Brasil significava vencer e, portanto, desmobilizar-se.

Numa vez, passei uma semana encerrado num apartamento no seu prédio em Atlántida, dois pisos acima, sem sair à rua ou sequer às janelas, e ele mesmo me levava as refeições numa bandeja. Batia na porta com um jeito próprio e eu já sabia quem era. Nos reuníamos no "meu" apartamento, pois ao dele ia muita gente só para cumprimentá-lo ou conhecê-lo como uma atração que já constava, até, da cantilena dos guias turísticos daquela praia uruguaia. Às vezes, participavam também outros exilados, Neiva Moreira, Paulo Schilling e o coronel Dagoberto Rodrigues, sempre com uma observação aguda, num estilo muito pessoal, que fazia dele um militar atípico, apaixonado por Beethoven e pelos clássicos.

Certo dia, na pausa de uma conversa, Neiva referiu-se ao governo e comentou:

— Todos canalhas. Quando chegarmos ao poder, vamos executar toda essa gente!

— Todos não, o Mem de Sá não; esse não fuzilamos! – interrompeu Brizola, e os dois começaram a discutir sobre as características dos fuziláveis e dos não fuziláveis, com Neiva sustentando que ninguém devia escapar ao pelotão de execução.*

Dagoberto, que de todos era o único que sabia de fuzis, olhou-me surpreso, quase atordoado, e desviou o assunto. Ou a bala das carabinas.

9

Na única vez que fui acompanhado incógnito ao Uruguai, tudo foi tão ludicamente complicado que acabei invejando aquelas solitárias viagens de carro-motor. Em Porto Alegre, o advogado Werner Becker resolveu acompanhar-me apesar do horário esdrúxulo exigido pelas artes de conspirar. Comprei duas passagens no ônibus que saía às 3 da madrugada para chegar à fronteira ao meio-dia, mas ele não compareceu e viajei sozinho. Na chegada a Jaguarão, no lado brasileiro, porém, ele me recebeu na rodoviária, ironizando com as minhas nove horas de massacrante viagem: ele tinha dormido demais e, ao perder o ônibus, contratou um táxi-aéreo que o levou tranquilamente à fronteira...

Atravessamos a ponte a pé e chegamos ao lado uruguaio sem que ninguém se inteirasse de que o nosso destino era Montevidéu, nem nós próprios: o horário no Uruguai tinha se adiantado uma hora e o trem já havia partido. Tivemos de ir em vários ônibus, pulando de vila em vila pelo interior uruguaio, e dormir numa pensão na estrada. No dia seguinte, em Montevidéu, Werner percebeu que nas andanças extraviara todos os documentos.

---

* Mem de Sá era ministro da Justiça do marechal-presidente Castelo Branco e – mesmo sem êxito – tentava descomprimir o arrocho interno. Brizola era-lhe grato não por isso, mas porque dele recebera os primeiros passos de iniciação política, em 1947, quando ambos eram deputados estaduais no Rio Grande do Sul.

Brizola providenciou-lhe, então, documentos falsos, mas o expedidor e fotógrafo, um rapazinho do Sul que conhecia o advogado de nome e retrato em jornal, concluiu que "o mundo enlouquecera": ele nunca tinha visto ninguém que quisesse uma carteira falsa com o nome verdadeiro para a pessoa verdadeira.

10

O núcleo do Rio não tinha hierarquia definida, nem havia atritos entre os conspiradores. Seu iniciador, o gaúcho Gabriel Obino, ex-secretário da Fazenda no Sul, era um conspirador seguro e sóbrio – "tenho 10 anos de psicanálise", explicava –, com tios e primos generais e marechais que recebiam na rodoviária os sacos do *Panfleto* (o jornalzinho impresso no Uruguai) e o distribuíam de mão em mão. Uma de suas difíceis missões era amainar o poeta Thiago de Mello, mais impetuoso que a sua própria poesia. Simples e afetuoso, o professor de matemática Bayard de Maria Boiteux agia passo a passo, como num teorema: preso mais tarde, assumiu culpas que não tinha para salvar muita gente no desastre de Caparaó.

(Do grupo, só Obino e, mais do que ele, Bayard tinham contacto com os "militares cassados", oficiais e suboficiais expulsos das Forças Armadas após o golpe. Reunidos em torno do ex-sargento Jacques Dornellas, dedicavam-se quase que tão só a auxiliar na organização da tentativa do foco combatente que veio a ser conhecida como a malfadada "guerrilha de Caparaó".)

O melhor da intelectualidade carioca estava conosco: Otto Maria Carpeaux, idoso mas inenarravelmente lúcido; Antônio Callado, com o seu *Quarup* lido pelos quatro cantos, além de outros que Thiago buscava levar à rebelião, como Carlos Heitor Cony, ou os que se integraram por si próprios, como os jornalistas Teresa Cesário Alvim, José Silveira e muitos mais. Nenhum deles sabia do trabalho de organização da guerrilha, mas confiavam em que os guerrilheiros irromperiam no horizonte, justiceiros e vitoriosos. Colaboravam em pequenas coisas e em "manter acesa a chama".

Callado chegou a ir a Montevidéu conversar com Brizola e gostou da proposta, mas voltou irritado: Brizola insistia em que o movimento tivesse "cristão" no meio da denominação e sugeria Movimento Nacionalista Cristão Revolucionário, por exemplo, para evitar a torrente anticomunista propagada pelo regime.

– "Cristão" é signo religioso, não político – dizia Callado.

Volto ao Rio certa vez e Thiago me informa que o novo romance de Cony, *Pessach, a Travessia*, já pronto, é bom mas tem um final morno, que não incita à rebelião. Numa noite, eu e Teresa Cesário Alvim estamos no apartamento do editor Enio Silveira, no parque Guinle – junto ao Palácio das Laranjeiras, onde Castelo Branco despachava e morava no Rio –, quando chega Cony com algo volumoso sob o braço e, sem falar com ninguém, se tranca com Thiago num quarto. Não sabemos o que fazem os dois a sós, horas a fio, até que, por fim, abre-se a porta. Cachimbo à boca, Cony está de calças-bermudas e chinelinhos de dedo – na época uma combinação extravagante – e Thiago grita solene e triunfante:

– Ele enterrou a metralhadora, a luta continua. Aplaudam, companheiros, aplaudam o nosso Cony!

Rindo, batemos palmas sem saber por quê. Thiago referia-se ao personagem do romance que, no outro lado do rio, não se desfaz da metralhadora, só a enterra como símbolo ou sinal de que não deserta – apenas faz uma pausa – e de que voltará para desenterrá-la e continuar a luta. Assumido como comissário-censor, o poeta mudara o final do livro. Achei estranho tudo, mas eu era um pobre conspirador provinciano e eles pertenciam ao Papado literário do Rio, que nesse 1965-66 ainda tinha o perfume de capital da República.

CAPÍTULO V
A GUERRILHA

*Não basta conhecer o passado;
é necessário compreendê-lo.*

PAUL CLAUDEL

1

A implantação do foco guerrilheiro consumiu dois anos e meio, muita atenção, muitos sacrifícios, muito tudo. Muita gente, também, que ia e vinha, alguns que pensavam ficar e não ficavam, outros mais – muitos mais – que resistiram a tudo e ficaram. Houve um que de lá nada trouxe para si e veio deixar a vida no hospital de Brasília, ardendo de malária e de utopia. E houve um que traiu. Não delatou, mas enganou, traiu a confiança.

É impossível, ou pelo menos enganoso, tentar explicar com os olhos e a realidade de hoje o que víamos com os olhos de ontem na realidade de ontem. Tudo o que houve é ainda recente – a nossa entrega e despojo pessoal, os erros, os pequenos êxitos, os grandes fracassos, a aventura em si. Centenas, como eu, estão vivos e lúcidos para sentir tudo como se entre o passado e o presente hajam passado apenas algumas horas nestes trinta e tantos anos que nos separam daquele 1965 em que éramos jovens, românticos e puros. Incontaminadamente puros. No entanto, entre os dias de ontem e os de hoje, há uma distância de séculos. Havia uma visão do coletivo, que hoje se perdeu, como também se extraviou (ou até soa ridícula) aquela ideia de "salvar a pátria", de interessar-se pelos problemas do País e do mundo porque eles habitavam nossa consciência. Ou, até, faziam parte do nosso metabolismo. Conheci gente que, no Brasil, emagreceu quilos e quilos por pura ansiedade quando Cuba foi invadida por grupos armados pela CIA em 1961. Gente que jamais estivera em Cuba (como aquelas meninas da UNE, no Rio), mas que vivia e festejava nas próprias entranhas uma revolução ainda incontaminada, nova, independente e autêntica, não "sovietizada" pela burocracia.

Com os olhos de hoje é fácil afirmar que o foco guerrilheiro foi um gesto romântico, uma experiência bucólico-revolucionária ou uma aventura pouco condizente com a realidade ao seu redor. (Até mesmo porque nós fomos os derrotados e qualquer teoria é irrefutável para explicar a derrota.) Era impossível, no entanto, perceber isso antecipadamente, com os olhos da época. A globalização daqueles anos era o exemplo do Vietnã em armas desafiando a maior potência militar do mundo, ou a revolução cubana a 70 milhas de Miami, ou o Black Power, Angela Davis e todos aqueles negros norte-americanos sacudindo o poder que os oprimira durante séculos. Eram aqueles anos em que o Che Guevara saiu de Cuba e esteve "em nenhuma parte", armas na mão pelo Congo. Ou, depois, na Bolívia, quando – morto – passou a estar em todas as partes: nas barricadas dos estudantes no maio de 1968 na França, na Alemanha, no México ou nas duas maiores cidades do Brasil. A globalização de ontem não era a do ansioso consumo irrestrito de hoje, mas estávamos também globalizados naqueles anos 60, quando esta palavra nem sequer era usual. A capacidade de indignar-se invadia o globo, nos globalizava.

Gesto romântico já sabíamos que era, mas e por que não? Todos estávamos impregnados de romantismo, da esquerda à direita. Não só os revolucionários, mas também os conservadores, que nós chamávamos de "reacionários" por reagirem à revolução das reformas. Só os "neutros" não eram românticos, mas pragmáticos, e estavam no meio apenas para abocanhar mais facilmente os favores, viessem de um lado ou de outro. Paciência, historicamente sempre fora assim.

2

Quando, no entanto, o marinheiro Zé Duarte – com a identidade de Víctor – e o camponês Zezé saíram Goiás acima à procura de uma área rural, o romantismo não era deformação nem vício, mas virtude plena. Mas já ali passamos a entender que nada era tão simples. Na caminhada de um mês – foi uma caminhada mesmo –, os dois se atritaram. Zezé trocou o revólver que eu lhe dera por um cavalo e isso nos pareceu impróprio de um aspirante a guerrilheiro. Um combatente jamais poderia abandonar sua arma e, portanto, um revólver valia mais que um cavalo. Os meses seguintes dariam razão ao camponês Zezé, que não tinha curso em Cuba nem sabia direito onde ficava esse país nem o que faziam por lá.

Sagaz, esse cafuzo analfabeto era um retrato vivo do invisível agreste do Brasil Central. Arma em punho, tinha lutado nas rebeliões camponesas de Trombas e Formoso, em Goiás, e conservava intacta a tranquilidade rústica do campo: não conhecia a pressa nem as comodidades urbanas. Certa vez, como ele morava longe e para evitar que voltasse no dia seguinte a Brasília, pedi que me telefonasse das cabines da Cidade Livre, próximas à sua chácara. A ligação ainda era grátis, como na época da construção de Brasília, mas Zezé me interrompeu:

– Não posso. Nunca telefonei na minha vida. Nem sei como se agarra um telefone!

O estilo de vida e o modo de ver do camponês Zezé não se conciliavam com a visão imediatista e rápida da implantação guerrilheira importada de Cuba, dogma inamovível na época. Resolvi destacá-lo, então, para outra missão, absolutamente rural e camponesa. Com mulher, três filhos pequenos e 30 anos de idade, Zezé embrenhou-se pelas mesetas do norte goiano, para construir, por lá, um campo de pouso que pudesse receber um avião DC-3 vindo da Guiana, carregado de armas. Em Montevidéu, pouco antes, Neiva Moreira me explicara o plano, na frente de Brizola:

– O primeiro-ministro Chedi Jagan vai nos mandar um avião cheio de armas, voando baixinho da Guiana para despistar o radar.

Talvez o DC-3 não possa voltar e tenha de ser desmontado lá mesmo. Vocês vão ter de sumir com os pedaços.

Brizola informou do tamanho da pista: no mínimo 600 metros. Na Cidade Livre, junto a Brasília, o camponês Zezé arrebanhou um saco de sal, remédios para as crianças e as ferramentas – serras, facões, pá, picareta, enxada, arado – e viajou contente com a família para "em seis meses, no máximo" ter a pista pronta. "Faço 100 metros por mês", prometeu na rudeza simples de quem não costumava exagerar.

Sete meses depois, Zezé mandou recados. Além das roças de milho e aipim, tinha construído "uns 500 metros para o avião", tudo terra firme. Mais do que isso não dava, pois o terreno era pedra pura. Meus olhos convergiram, então, sobre Montevidéu. Indaguei muito, mas nunca consegui que me informassem alguma coisa sobre o avião com as armas, até que Jagan perdeu as eleições (e o governo da Guiana) e Zezé ficou pelo Planalto Central, perdido entre o milharal e aquela lida em vão, de terra aplanada para nada.

3

As montanhas desnudas de Goiás acabaram levando o foco para o norte, até que tudo se concentrou em Imperatriz, no oeste maranhense, e logo se expandiu até Marabá, à beira do rio Tocantins, no Pará. Tão isolada era a região que nem no mapa lhe punham os olhos e ninguém notara, na época, que os rios desenhavam ali um perfeito "bico de papagaio". Imperatriz era o núcleo principal e, sob o comando de Víctor, lá aportaram os futuros combatentes. No início, 15 homens que chegaram aos poucos e foram se encontrando e se reunindo como se houvessem travado amizade por lá mesmo, ou na viagem longa pela estrada esburacada, que alternava pó e lama. A Belém-Brasília ainda não era asfaltada e o percurso consumia dias e dias, tempo suficiente para que os solavancos do ônibus gerassem amizades novas. Os recrutados em Brasília eram todos ex-fuzileiros navais ou ex-marinheiros, filhos de camponeses do Nordeste, tal qual Víctor, mas sem nenhum curso "na ilha".

Aos poucos, Brizola enviou outros "comandantes" treinados na ilha. "O Velho", por exemplo, assim chamado por ser um quarentão, fora líder dos ferroviários no Rio e no currículo cubano trazia a apreciável menção de coar intermináveis cafés: seu instrutor na ilha ficou boquiaberto quando ele conseguiu reutilizar cinco vezes o mesmo pó de café. Tudo isso nos parecia algo mágico, tal qual a multiplicação dos pães dos Evangelhos, e dava aos "formados em Cuba" uma aura mística de salvadores. O uso das provisões era parte essencial do treinamento desses homens que viravam bicho. Tinham aprendido a enterrar latas de alimentos sem que enferrujassem e conheciam o tempo de sacá-las à luz. O "Velho" se especializara nisso e, com isso, impunha respeito entre risos e ironias. Os outros não tinham a destreza de Víctor em desarmar e rearmar uma carabina de olhos fechados, mas repetiam ao pé da letra o aprendizado daqueles treinamentos exaustivos, em que emagreciam muitos quilos e sabiam tudo de combate, sabotagem ou sobrevivência na selva, mas desconheciam tudo o que um camponês sabe do mato, da terra, das plantas, da lua ou da vida.

Uma guerrilha rural tinha de ser rural, mimetizar-se com a população e ser o próprio povo da terra. O treinamento em Cuba, porém, era ideológico-militar e eles voltavam ao Brasil com uma visão caolha da realidade. Estavam impregnados da ideia de desembarcar do *Granma* (o barco em que Fidel Castro viajou do México a Cuba) e começar a guerrilha e a revolução nas semanas seguintes, mesmo não tendo contra quem lutar. Nada de converter a população local e, com ela ou a partir dela, estabelecer um foco que se propagasse pela palha seca e do qual a guerrilha fosse a guardiã. Talvez pela origem camponesa (ou porque as conversas com a base de Brasília fossem o único "curso" de guerrilha que conheciam), os ex-marinheiros e fuzileiros eram sensíveis à ideia de integrar-se à população local, mas não tinham como impor essa concepção e, lá no mato, sentiam-se inferiorizados face aos "comandantes", que por sua vez eram vítimas das soluções em que se haviam formado.

Sempre que alguém baixava de Imperatriz a Brasília, as discussões se renovavam e os problemas se multiplicavam. Discutíamos muito. O perigo comum e a causa nos irmanavam tanto que nem a franqueza mais rude nos levava à briga e os "comandantes" voltavam a Imperatriz dispostos a refazer o rumo. Lá chegados, porém, tudo se tornava difícil e o grupo seguia encurralado em si mesmo.

4

Aqueles táxis Mercedes-Benz que transitavam vazios, um atrás do outro, pelas ruas de Montevidéu eram uma das derradeiras lembranças da opulência artificial do Uruguai que já começava a se esvair naqueles dias. Tomei um deles no centro, ao anoitecer do sábado, caprichei no espanhol e pedi que rumasse para a Rambla e me deixasse naquela pracinha de Punta Gorda, a duas quadras do mar. Os seis quilômetros do percurso foram rápidos e eu cheguei com dez minutos de antecipação para o encontro sigiloso.

Pouco depois, na Avenida 18 de Julio, o exilado Neiva Moreira parou um táxi e, num espanhol com indefectível sotaque maranhense, mandou que rumasse para o mesmo lugar. O motorista cumpriu a ordem, em silêncio. Na chegada, disse sem rodeios:

– Uns 20 minutos atrás, lá no centro, quase no mesmo lugar, subiu um passageiro, também estrangeiro como o senhor, acho que era chileno, e mandou tocar para esta pracinha. Se eu fosse homem desconfiado, não teria feito a viagem!

E antes que Neiva inventasse uma explicação, ao me ver caminhando pela praça, apontou:

– Lá está ele, é aquele magro lá...

Na cidade repleta de táxis, nosso encontro secreto se esfacelava com a coincidência daquele carro que, após o meu desembarque, dera a volta pelas ruas, vazio, até encontrar outro brasileiro e voltar para o mesmo lugar.

5

Estávamos em plena crise de implantação do foco no Brasil Central quando Pedrinho nos convocou para uma "reunião urgente" no

Uruguai, em fevereiro de 1966, e eu compareci com Víctor. "Pedrinho" era o nome que dávamos a Brizola. Num casarão junto à praia de Carrasco, em Montevidéu, alugado para o veraneio, encontramos de fato um "congresso" dos três "focos" guerrilheiros do MNR com a cúpula que rodeava Brizola no exílio. (Brizola dizia "Morena" e não MNR, invertendo a denominação, por considerá-la "mais brasileira"). Expus nossas experiências e dificuldades de integração, Víctor acrescentou outro tanto e, logo, o representante do segundo foco, um ex-fuzileiro vindo de Mato Grosso, próximo à fronteira com a Bolívia, descreveu com otimismo a situação da sua área. Ao longo da reunião, porém, admitiu que as dificuldades eram imensas, iguais às do Brasil Central.

Em contraste com esse cauto pessimismo, ouvimos também uma exuberante análise de otimismo, que nos fez sentir pequenos e incapazes:

– Estamos em crise, sim, mas em crise de crescimento! – começou dizendo Paulo Schilling, que com o ex-deputado Neiva Moreira e o coronel Dagoberto Rodrigues compunha a cúpula brizolista no exílio. Especialista em economia agrária, Schilling era o contato do foco guerrilheiro do Sul – uma espécie de encantada menina dos olhos de Brizola, que lhe deu dadivosos fundos e armamento. Formado por antigos suboficiais do Exército, sob a chefia do ex-sargento Amadeu da Luz (neto de Hercílio Luz, a figura dominante da política catarinense nos anos 1920-30), o grupo tinha como área de eclosão o norte do Rio Grande do Sul e sudoeste de Santa Catarina, mas mudou os planos quando, no inverno de 1965, seu subcomandante, o ex-sargento Manuel Raimundo Soares, foi preso, torturado e morto pela polícia em Porto Alegre. Nesse início de 1966, o grupo estava algures, noutra geografia mantida em sigilo, e progredia "cada vez mais".

Progrediu tanto que, no Natal de 1966, a coluna de avançada havia concentrado armamento semipesado, inclusive metralhadoras "Ponto-30", na serra de Caparaó, em Minas, na divisa com o Rio de Janeiro. Há meses ali e sem contacto com a população, entretanto, seus 25 integrantes entraram num progressivo estado de prostração psíquica e física e, numa manhã de março de 1967, foram presos pela Polícia Militar mineira enquanto tomavam café. Alguns, até, vestiam farda de combate, mas não dispararam um único tiro nem esboçaram qualquer reação. Estavam desfeitos e deprimidos. Doentes.

6

Caparaó ainda não tinha caído e o grupo do Brasil Central cada dia recebia mais gente e inchava sem crescer. Para desconcentrar-se de Imperatriz, uma coluna varou centenas de quilômetros, selva adentro, para conhecer o terreno em busca de uma base de treinamento e operações. Na primeira, para comer não houve problemas: Pacheco, um ex-fuzileiro naval do Rio Grande do Norte, pegava filhote de jacaré à unha, com as suas mãos enormes. A selva, porém, inóspita e doentia, ameaçava com a malária e o grupo mudou de rumo e foi dar numa região seca, excelente como refúgio e área de domínio. Não havia, porém, nenhum tipo de água potável e, para saciar a sede, cortavam um cipó e bebiam o líquido.

E a alimentação? Bem – contou Pacheco, em Brasília, dando um relatório da situação –, "só há macaco e temos de comer macaquinhos". E suspirou:

– Dói o coração e até tira o apetite: quando se corta e carneia com a faca, parece uma criancinha de braços abertos!

A frase que a direita obscurantista dizia em tom sério, agora se concretizava por ironia: em verdade, "comunista comia criancinha". E se banqueteava.

7

No início de 1967, os intermináveis desajustes no Brasil Central fizeram que Víctor descesse a Brasília e, logo, seguisse a São Paulo. Como não tinha mala apresentável para a metrópole, escolheu na minha casa a primeira que a empregada lhe mostrou. No dia seguinte, entrei em pânico: ele tinha levado a maleta de fundo falso onde eu guardava os dólares enviados pelo Pedrinho. Acalmei-me esperando a sua volta.

Mas Víctor não voltou. No quarto dia em São Paulo, encontrou-se com seu velho companheiro da liderança da Associação dos Marinheiros, o ex-fuzileiro naval Marco Antônio Lima, que vinha do foco mato-grossense. Trocaram experiências e reminiscências. Ao anoitecer, saíram caminhando da favela onde se hospedavam na zona oeste e, ao avistarem uma radiopatrulha, correram, dominados pelo reflexo condicionado do horror à polícia. Marco Antônio, negro, e Víctor, rosto indígena, foram presos metros adiante, confundidos com traficantes e levados a uma delegacia comum. Ambos tinham documentação apócrifa mas perfeita e tentaram convencer o delegado a soltá-los, explicando que eram perseguidos políticos. E foram adiante: além de todo o dinheiro que traziam (e que fora arrebanhado de imediato), se comprometiam a entregar-lhe ainda mais. O policial pensou por alguns instantes, excitado, e logo lhes disse que "não", que os entregaria ao Dops "para subir na carreira".

E assim foi feito. Os dois lograram, por sorte, convencer o Cenimar de que haviam chegado de Cuba no dia anterior e, já condenados à prisão, foram direto para a penitenciária no Rio. A mala perdeu-se pela favela, sem que ninguém percebesse o fundo falso que escondia 1.800 dólares, na época uma apreciável fortuna.

8

Além de Víctor e do milagreiro do café, Pedrinho nos enviara outros dois "formados" na ilha: com o álibi de vender livros espíritas e produtos veterinários, o sóbrio e correto Mário percorria a estrada numa caminhonete, enquanto Jesuíno, estudante de Arquitetura em São Paulo, supervisionava os trabalhos gerais, com a fama de ter sido um dos representantes de Brizola na reunião Tricontinental de Havana. Fora designado ao acaso, só por estar por lá, e, de fato, não teve nenhuma função, mas só se soube disso muito depois, quando Brizola esclareceu detalhes dos que vinham do "Ponto Um" investidos da situação de "comandante".

Com a prisão de Víctor, Jesuíno assumiu a chefatura da área, mas não saía do núcleo urbano de Imperatriz. Quando os ex-fuzileiros Eros e Pacheco vieram a Brasília buscar dinheiro e provisões, perguntei sobre a situação e ambos titubearam. Logo, se entreolharam cúmplices e vomitaram, em uníssono:

– O problema é que ele anda com a muda e isso não pode ser, está errado!

A muda, aquela morena redondinha de carnes que, além de muda, era retardada mental, que só andava descalça e – imóvel na janela da casa – punha a língua a quem passasse na calçada, tinha seduzido aquele moço urbano diplomado no estrangeiro. O "comandante" se defendeu, assegurou que tudo era má-fé, mas deixou o posto e o Brasil Central. Mais tarde, desligou-se de tudo.

9

Quem era eu, no entanto, para julgar essa gente que – bem ou mal – deixava tudo, a começar pelo chuveiro quente da burguesa vida urbana, e se embrenhava numa vida de sacrifícios e numa ilusão sem fim, que extraviava as raízes e levava a perder até o nome ou a quentura dos amores?

Lembro que me perguntei tudo isso, em voz alta, na frente de Ivo, no dia em que ele chegou a Brasília enviado pelo Pedrinho. Com curso na ilha e tão calado que nem parecia gaúcho, Ivo ouviu tudo, perplexo. Ele vinha para tentar a derradeira reorganização do foco do Brasil Central. E nisso comportou-se com afinco e seriedade, encaminhou muitos dos descaminhos e conseguiu integrar-se à população e nela se expandir. Mas a queda de Caparaó, que nós nem sabíamos que ficava em Caparaó, nos perturbou nas entranhas porque tudo se tornava inexplicável.

E eu? Também errei, e muito. Cultivei a ilusão e acreditei na audácia. Acompanhei passo a passo todos os passos no Brasil Central, mas fui pessoalmente a Imperatriz duas vezes apenas, rapidamente e já nos meses finais. No cultivo da ilusão, me traí com a emoção e a ingenuidade. No mínimo.

CAPÍTULO VI
O INTERVALO

Um homem é um homem mais pelas coisas que cala do que pelas que diz. Não falta muito para eu me calar.

ALBERT CAMUS

1

Eu me criei convencido de que Deus falava latim. E só latim. Aquele *fiat lux* e a luz foi feita, ponto primordial da Criação, era dito sempre em latim, e mil vezes repetido em latim nas Bíblias em todos os idiomas. Mais do que isso – pensei em criança –, Deus era Deus mesmo porque só sabia latim e não perdia tempo memorizando palavras e tempos verbais em outras formas de dizer para significar a mesma coisa e ter o mesmo sentido.

Prova irrefutável de que Deus falava em latim eram as missas, todas – todinhas – ditas em latim, rezadas em latim e acompanhadas em latim pelos fiéis que não sabiam latim. Convenci-me, assim, de que o que não era, de fato era. Ou passava a ser. E assim, era. Irrefutavelmente era.

Aos poucos, porém, fui entendendo que o latim divino tinha se esparramado pelo mundo inteiro, não por obra direta do próprio Deus, mas pela ação dos que falavam em seu nome. Pelas legiões dos conquistadores romanos, por uma parte. Mais tarde, pelos navegadores portugueses. Na China, nos meus 20 anos de idade, com a surpresa que só a mocidade nos dá, ouvi uma velhinha chamar de "mecha", como no idioma português, àquele pavio ao qual nós dizemos mecha mesmo. E Agustin, que com esse nome era indonésio e muçulmano e presidia a União de Estudantes de Jacarta, pela mesma época me ensinou que no seu país "camisa" quer dizer camisa, quase assim como nós pronunciamos. Tudo porque os navegadores da Escola de Sagres tinham singrado os mares e andado por lá.

2

Ao ingressar na idade adulta, descobri que Deus não deveria falar latim nem idioma algum, nem precisaria de qualquer língua para se comunicar. O Concílio Vaticano II mandou até rezar missa nos idiomas locais, fazendo o que Lutero tinha mandado fazer quando fora excomungado 500 anos antes.

3

No inverno de 1967, em plena luta armada, após duros sacrifícios para superar os fracassos, havíamos finalmente conseguido falar latim (e, apesar das dificuldades, começávamos a convencer o povo de que Deus falava latim) quando Cibilis Viana, numa noite de neblina numa esquina de Copacabana, no Rio, me transmite uma mensagem urgente de Montevidéu. Devíamos retirar todo o pessoal do Brasil Central, vender o barco de 12 toneladas que ia e vinha pelo Tocantins, terminar com tudo. O mensageiro não mencionava nenhum nome e, nervoso, só dizia "ele, ele", mas eu entendia. "Ele" tinha se cansado de falar latim em vão e, dali para diante, não se falaria mais latim.

Cibilis não entendia nada do que me dizia – estivera exilado no Uruguai, mas não participara da luta armada – e não queria saber nada até porque estava se mudando, em surdina, para um apartamento na Avenida Atlântica, meio incógnito e meio visível. Tinha, no entanto, decorado tão bem o recado e repetia tudo com a precisão de detalhes típica de Brizola que não duvidei da autenticidade.

Como terminar com o baile e deixar o pessoal dançando? Com o músico principal dizendo que não toca mais, o que fazer com aquelas dezenas de pares que estavam na dança e tinham abandonado tudo para apenas dançar? Como comunicar a todo mundo, de um momento a outro, que o latim deixou de ser divina língua viva e passou a idioma morto, que não se fala mais?

Decepcionado com o fiasco de Caparaó, magoado até com o final ridículo daquilo em que havia confiado e se empenhado tanto, Brizola sinalizava e dava a entender, mas não afirmava nem dizia peremptoriamente que não era mais o Pedrinho e que se retirava. Perfeito. Compreensível. No fundo, bem no fundo, ele nunca esteve muito convencido da guerrilha e aceitara tudo, e assimilara tudo, na maré que invadia o exílio uruguaio e ocupava todos os espaços, mentes e raciocínios. Mas e nós? E toda aquela gente que estava lá, pelo Maranhão adentro, pelo Pará e rio Tocantins afora?

Só naquele momento eu comecei a entender o prolongado silêncio de Montevidéu, que já não se comunicava conosco há tempos. Tanto tempo que, num momento de extrema dificuldade financeira, enviamos um mensageiro urgente, que se hospedou com Pedrinho em Atlántida, mas voltou com o bolso tão vazio como havia subido no avião no Rio. "Não havia dinheiro", era a resposta, desenhada porém como um passageiro transe monetário, não como uma desistência ou abdicação. Só nessa noite eu entendia, mas mesmo entendendo não podia entender: havia muita gente no baile para que eu entendesse sozinho, gente que comia macaco e bebia água de cipó ou atravessava o Tocantins alimentando-se com 200 gramas de farinha de mandioca.

Ainda não tínhamos conseguido convencer a todos eles que o latim nada tinha a ver com Deus quando o Exército me prendeu em Brasília, em agosto de 1967. E aí é que toda a história de fato começou, quando parecia ter terminado. Ei-la.

CAPÍTULO VII
O "DOUTOR FALCÃO"

*Liberdade completa ninguém desfruta. Começamos
oprimidos pela sintaxe e acabamos às voltas
com a delegacia de Ordem Política e Social.*

GRACILIANO RAMOS

1

Início de agosto de 1967, em Brasília. Aquelas batidas secas na porta, acompanhadas pela campainha insistente, tão cedo assim só podiam ser da polícia. Levantei-me da cama e, de pijama, abri a porta sabendo que vinham me prender.

O chefe do grupo policial chamava-se Deusdédit*, mas a cara não mostrava que soubesse o que isso queria dizer quando me mostrou a carteira, repetiu o nome e esbravejou que, como já eram 6 da manhã, eles podiam entrar e remexer em tudo. Revisaram até as folhas de papel em branco, num apartamento em que os papéis abundavam mais que os móveis, e, quando vislumbraram o primeiro livro com a foice e o martelo na capa, sorriram vitoriosos e resolveram apreender todos os demais. Eram volumes que o USIS, o serviço de imprensa da Embaixada dos Estados Unidos, enviava aos jornalistas, e – por serem propaganda anticomunista – traziam invariavelmente na capa os símbolos soviéticos ou a palavra "comunismo".

Uma hora depois, quando chego ao quartel da Polícia do Exército, na zona militar de Brasília, o coronel Epitácio Cardoso de Brito me diz de supetão:

– Eu duvidei muito em mandar prendê-lo, o senhor é um jornalista conhecido, mas agora, com toda essa livraria comunista

---
* Em latim significa "Deus concedeu".

encontrada na sua casa, já me sinto aliviado, só com isto já basta – e apontou carrancudo, mas triunfante, para a montanha de livros junto à mesa de comando. Não havia sequer folheado nenhum deles nem observado o carimbo de "doação do USIS", estampado nas páginas iniciais. Se qualquer livro já era suspeitoso, quanto mais aqueles, com aquelas capas de comunismo explícito...

Os livros "fortaleciam" as acusações e as suspeitas, mas ele tinha mandado me prender, mesmo, pela "guerrilha do Triângulo Mineiro". Três dias antes, umas 20 pessoas presas em Uberlândia, sob a acusação de "terroristas", tinham sido trazidas a Brasília e, logo depois, fora detido um estudante que desempenhava tarefas menores para o nosso grupo na capital. A notícia teve destaque em todos os jornais, alimentada pelo próprio Exército, que, assim, propagava o perigo subversivo e demonstrava sua capacidade de vigiar e reprimir. Eu próprio tinha revisado, na sucursal do jornal, a notícia redigida pelo repórter credenciado no Ministério do Exército informando que "os subversivos de Uberlândia" obedeciam "a um comando e um chefe conhecido como Doutor Falcão" na região do Distrito Federal.

Li a notícia, entendi a quem buscavam, mas não dei importância. O estudante preso jamais daria o meu nome, até mesmo porque sabia que Uberlândia não tinha maior importância nem fazia parte dos nossos planos táticos nem da nossa programação estratégica. Levado exatamente pelo estudante preso, eu tinha estado lá uma única vez. Reuni-me com umas 15 pessoas de diferentes situações sociais e as ouvi muito mais do que falei. Só isso. Do dentista Guaracy Raniero, que liderava o grupo, aos agricultores, operários ou estudantes que o integravam, todos se queixavam do Partido Comunista, que – num passado recente – os juntava apenas "para debater manifestos e arrecadar dinheiro". Tinham tentado contactos com os dissidentes do PCdoB, mas concluíam que "era também a mesma coisa burocrática e inútil". Haviam constituído um grupo local sob o nome de Movimento Tiradentes e queriam juntar-se a

Leonel Brizola, "o único" em quem ainda acreditavam, explicou o dentista com a concordância geral.

Disse-lhes que o Movimento Nacionalista Revolucionário, MNR, tinha a obrigação de acolhê-los, mas nada mencionei ou insinuei sobre as atividades que desenvolvíamos. Expliquei, apenas, que a nossa concepção de resistência partia da ideia de que só a prática da própria resistência indicaria o caminho exato a seguir. Já que tudo passava pela prática, comprometi-me em conseguir-lhes um instrutor militar-revolucionário que os capacitasse para agir e atuar no futuro, quando se fizesse necessário. Assim foi feito, exatamente como eles haviam proposto e queriam. (Jesuíno, que havia saído da tentativa de "foco" de Imperatriz, foi deslocado para Uberlândia e lá permaneceu 45 dias como "instrutor", antes de abandonar o movimento).

Tudo – absolutamente tudo – o que ocorreu em Uberlândia e no Triângulo Mineiro resumiu-se a isso. Naquela manhã da minha prisão, no entanto, o serviço secreto do Exército estava mobilizado em Brasília para desbaratar "a grande ofensiva do terror brizolista". Sim, porque o primeiro que aquele pessoal de Uberlândia disse ao ser preso é que eram "nacionalistas e brizolistas" e que se orgulhavam disso. Todos eles diziam-se decididos a dar o melhor de si para tentar mudar o clima opressivo do regime militar – e para isso se dispunham até a usar as armas –, mas agiam com a pureza ingênua de quem estivesse na democracia britânica. Não percebiam que o major os interrogava para metê-los na cadeia e não como um juiz isento, capaz de entender aquele "orgulho" como sinal de honestidade interior ou de patriotismo. Admitiram até as intenções em torno do que pensavam e queriam, mas não haviam feito. Assim, a cada depoimento se autoacusavam e, indiretamente, se denunciavam a si mesmos.

Todos foram detidos em casa ou nos locais de trabalho em Uberlândia, com eles não encontraram nenhuma arma além de dois ou três revólveres de defesa pessoal, mas o número – nada menos que 21 presos – fez que a imprensa jamais duvidasse de que se tratava de "um grupo guerrilheiro". Mesmo sem nunca ter conversado com algum desses "guerrilheiros".

2

Talvez só eu soubesse que Uberlândia era apenas um punhado de gente politizada que se reunia para exteriorizar a revolta frente às ações do governo. Talvez por isso, neguei que tivesse estado lá ou que pudesse ser o "Dr. Falcão" que os militares mencionavam (e a imprensa repetia) como "o misterioso mentor dos terroristas". Eu não podia permitir-me a mim mesmo resvalar numa casca de banana, e neguei. O coronel mandou trazer, então, o dentista Guaracy Raniero, para o reconhecimento.

Quando ele entrou cumprimentando os oficiais, todo gentil e quase servil, eu o encarei firme, olho no olho, e senti que havia vencido. Ele gaguejou: "É parecido, muito parecido, mas não é ele". Logo trouxeram outro, um técnico em eletrônica, que em Uberlândia tinha me indagado sobre "bomba a controle remoto", e, antes que lhe perguntassem se eu era o homem que tinha estado lá, ele apontou e disse alegre, sorrindo como se encontrasse algo perdido: "Sim, é ele, sim, até o jeito de se sentar é igual!".

Esbocei um gesto teatral, bobo ou desesperado, o único que intuitivamente me brotou, e exclamei: "Isto é um absurdo, uma pantomima". Os dois presos saíram e, uns segundos depois, o major Zemo voltou com o dentista agarrado pelo braço. Ele vinha esclarecer que, agora sim, "ao ouvir a voz", tinha reconhecido que "esse aí é o Dr. Falcão, o que foi a Uberlândia".

Mesmo assim, continuei a negar. Sucederam-se, então, três dias de interrogatórios constantes e consecutivos, sem parar jamais, durante 24 horas, noite adentro, com várias equipes revezando-se nas inquirições. Havia pausas apenas para as refeições no cassino de oficiais, onde eu ficava a um canto, sozinho, enquanto eles comiam à mesa principal. Pela minha ficha policial do Rio Grande do Sul, descobriram que eu fora dirigente estudantil na juventude e aí – não sei por que – entregaram-me uma noite inteira a três oficiais da Marinha, vindos do Rio, que me inquiriram sobre um passado sem sentido. Por exemplo: o que eu tinha conversado com o presidente Getúlio Vargas no Palácio do Catete em junho de 1954?

Eu era, então, presidente da União Estadual de Estudantes e, mesmo sem ser getulista, tinha ido reivindicar verbas federais para um ambulatório e um restaurante universitário no Sul. Exausto, porém, omiti isso e – tão sem razão como a pergunta que me faziam – contei da impressão que me causaram as mãos enormes e peludas de Getúlio Vargas, desproporcionadamente imensas naquele corpo baixinho, muito menor do que a aparência das fotografias. Foi o único momento em que os interrogadores me ouviram com atenção e em silêncio. Nas demais perguntas, interrompiam-me, indagavam de outro tema, logo voltavam ao anterior para criar balbúrdia, desviar a atenção e me cansar.

Numa tentativa de me encurralar, perguntaram em minúcias sobre minha coluna na *Última Hora* e terminaram com um jornalzinho da Federação dos Estudantes da Universidade de Brasília em que, como professor convidado, eu escrevera um artigo festejando a prisão em São Paulo do criminoso nazista Franz Paul Stangl, anos antes em 1964. O título do artigo ("Olho neles!") e o conteúdo me incriminavam: eram tomados como uma alusão ao SNI e uma agressão ao governo, "disfarçadas de alerta sobre o nazismo". Tive de apelar às lembranças da infância sobre a luta dos soldados brasileiros da FEB na Segunda Guerra Mundial para demonstrar minha inocência.

– É, mas esse Stangl foi um soldado modelo! – exclamou o capitão interrogador, ignorando que as SS de Hitler eram um corpo de extermínio, distante do próprio exército alemão.

Nessas 72 horas de interrogatórios consecutivos, perguntaram-me tanto sobre tudo do meu presente e do meu passado que pude saber, com exatidão, tudo o que eles sabiam de mim e o que não conheciam de mim. A única certeza que eles tinham é que eu estivera mesmo em Uberlândia e era a pessoa que o pessoal de lá chamava de "Dr. Falcão". Levaram-me, depois, a uma "cela especial", um quartinho com sanitário e chuveiro, e me mandaram descansar.

3

Eles sabiam unicamente aquilo que eu continuava a negar. E nada mais. Ante a minha negativa, porém, a técnica deles era encurralar-me pelos flancos, já que não podiam me arrancar uma confissão na tortura: a minha prisão criara um rebuliço na Câmara dos Deputados, com a oposição protestando e o governo não sabendo dar explicações, e isso, pelo menos, protegia a minha integridade física.* Mas o cerco que me armavam podia levar-me ao desastre. Devia evitar que investigassem o dia a dia dos meus últimos tempos e resolvi, então, admitir que estivera em Uberlândia. Era domingo, de manhã cedo, e, numa sala cheia de oficiais, disse-lhes que já não podia esconder a evidência de ter estado em Uberlândia.

– Admito que estive lá, que conversei com eles – afirmei ante o olhar extasiado do coronel, do major investigador e de uma dúzia de outros oficiais.

– Só admite ou confessa? – perguntou o coronel Epitácio.

Cada um de nós dá vida própria a certos vocábulos. O valor das palavras é subjetivo. Um palavrão pode ser um elogio, ou vice-versa. Tudo depende do tom da voz e, principalmente, do cristal pelo qual tudo se vê. Um inquisidor necessita de confissões, porque a confissão significa a admissão implícita da culpa e ele está no mundo para encontrar culpados.

"Confessei", assim, que estivera em Uberlândia e circunscrevi tudo àquela reunião fortuita em que eu fui um mensageiro

---

* O líder do MDB, Mário Covas, protestou em plenário na mesma manhã da prisão, e foi tão incisivo que o presidente da Câmara dos Deputados comprometeu-se a agir. Nos dias seguintes, a minha prisão foi um dos principais temas de debate, com discursos de protesto dos deputados Márcio Moreira Alves, Martins Rodrigues, Davi Lerer, Mário Piva e outros, além de Henrique Henkin e Otávio Rocha, que depois me visitaram no quartel-prisão. O deputado Hermano Alves fez transcrever nos anais da Câmara a minha última crônica política – "Os perigos da fé" –, que, ao comentar a prisão de frades dominicanos em São Paulo naquele agosto de 1967, espelhava (sem querer) a minha própria situação. No Senado, o amazonense Artur Virgílio discursou protestando contra a prisão.

ocasional. "Confessei" também que me fiz chamar de "Falcão", nome ao qual eles próprios acrescentaram um "doutor" por pensarem que eu era médico. ("Ele falava com a ponderação de um médico", dissera nos depoimentos o dentista Guaracy, líder do grupo de Uberlândia.)

Os oficiais que realizaram o inquérito sabiam que nada daquilo tinha maior dimensão e que não fora sequer a preparação de uma guerrilha. Boa parte de tudo se devia à ação de um delator: um tal de José Luís, que sugeria explodir bombas ou outras ações de terror e se mostrava um radical, em verdade era um "agente provocador" que atuava dentro do núcleo de Uberlândia, pago pela polícia. Antecipadamente, José Luís forneceu à polícia os nomes de cada um dos integrantes do grupo e ele próprio foi objeto de uma detenção simulada, por algumas horas, mas nem sequer foi levado a Brasília.

A minha "confissão" se ajustava, assim, também à necessidade de encerrar o inquérito o mais pronto possível. O estardalhaço já fora feito. Durante dias, a inexistente "guerrilha do Triângulo Mineiro" e a minha prisão tinham ocupado as primeiras páginas dos jornais. No Parlamento e na área política, seguia a pressão a meu favor. O afeto pessoal e a solidariedade humana tinham se sobreposto, inclusive, às posições políticas, às vezes em gestos de grandeza infinita. O senador Daniel Krieger, presidente do partido governista e líder do governo no Congresso, por exemplo, ofereceu-se como refém para que o presidente Costa e Silva relaxasse a minha prisão. Pouco antes, o jornalista Hélio Fernandes fora confinado pelo governo na ilha de Fernando de Noronha e, depois, numa biboca do interior (em função do que escrevera sobre a morte do marechal Castelo Branco) e, até mesmo para aliviar a torrente de críticas, Costa e Silva aceitou a sugestão e chamou o general Abdon Senna para transmitir-lhe a ordem. O comandante da Região Militar de Brasília, no entanto, disse que seria "jurídica e politicamente impossível" relaxar a prisão preventiva, pois eu "já confessara ser o 'Dr. Falcão', mentor e ideólogo da rede terrorista brizolista sediada em Uberlândia".

4

Ao ser preso pelo que não era, eu me protegia do que em verdade era e tornava inacessível o caminho para que investigassem tudo o que jamais apareceu... Só alguns poucos entenderam que essa aparente contradição me salvava e salvava outras coisas que eles desconheciam. A grande maioria acreditou mesmo nessa fantasmagórica "guerrilha" que eu comandava por telepatia, a centenas de quilômetros, e se solidarizou comigo – ou com a ilusão da causa ou por mera amizade pessoal – exatamente por acreditar. Teceu-se uma teia solidária que lotava meu apartamento de Brasília, onde consumiam quase 2 quilos de café, por dia, só em servir cafezinho aos amigos-visitantes.*

Fui tratado de forma dura mas correta no quartel brasiliense. O comandante, coronel Epitácio, chegou a ir à minha cela para debater, educadamente, sobre nacionalismo e "doutrina de segurança nacional", que eu sustentava serem incompatíveis entre si. Ele se dizia "também nacionalista, mas não subversivo como vocês, que fazem dos humildes uns heróis" ("vocês" éramos nós) e seu ponto de referência e ebulição política era o coronel Jarbas Passarinho. Até os oficiais que tinham me interrogado 72 horas consecutivas passaram a nos tratar com respeito mais tarde. No fundo, sabiam que nos acusavam de ninharias.

Como parte da psicologia de mando hierárquico, no entanto, aos sargentos e soldados éramos apresentados como a personificação do terror absoluto e isso provocava pânico. No dia da minha

---

* Durval Costa Reis, o fiel DC, que nos conseguia armas fazendo-se passar por alheio a tudo, se preocupou em que não faltasse nada em minha casa. Os amigos do Maranhão, Ada e Zezico Mattos Carvalho (ele fora governador e, como deputado, apoiava o governo), cuidavam da minha filha Isabela, de 2 anos, junto à carioca Lea Portugal, que me enviava Fernando Pessoa à prisão. O gaúcho Otávio Caruso da Rocha coordenava os advogados para o futuro habeas corpus, que a mineira Vera Brant e o maçom João Etcheverry (que não eram advogados) teciam, com paciência, com suas amizades na área do Superior Tribunal Militar. Dezenas de outros mais ajudaram no infortúnio.

prisão, os oficiais mandaram os soldados da guarda manter os fuzis automáticos engatilhados para defender o quartel de "um ataque dos terroristas que vêm libertar o prisioneiro". Na noite seguinte, a tensão era tanta que o soldadinho sentinela do portão de entrada, sonolento e amedrontado, ouviu um barulho e disparou, matando no ato o seu companheiro da guarda.

– Você, com a sua prisão, matou essa noite o soldado da guarda! – disse-me o major Zemo ao início de um interrogatório, num tom tal que, até hoje, não sei se era ironia ou crueldade em pantomima.

5

O trágico tornou-se cômico tempos depois, à noite, no escuro corredor defronte à cela que encerrava uns dez presos de Uberlândia. O sentinela começava a ronda e, de pronto, gritou alto e forte. Ouviu-se o baque do fuzil, logo uma detonação e ele caiu desmaiado. O quartel alvoroçou-se. Pistola em punho, o oficial de serviço escorou-se nas saliências da parede para proteger-se. O sargento acionou a sirene de emergência, o quartel inteiro despertou-se e se mobilizou em poucos minutos, mas tudo estava em calma.

Removeram, então, o soldado desmaiado para a enfermaria e o reanimaram. Ele não sangrava nem tinha ferimentos, só tremia e balbuciava: "Alma penada, alma penada".

O que ocorrera? Entre os presos de Uberlândia havia um moço que, na infância, tivera o rosto queimado e deformado por ácido de bateria derramado de um caminhão num acidente de trânsito. Calvo, tudo nele eram rugas profundas e disformes, da cabeça ao pescoço, numa aparência de pavor. Observá-lo à luz do dia já era penoso. Naquela noite, insone, para distrair-se vendo o guarda passar, ele se pôs de pé junto à imensa grade da porta da cela. O reflexo dos meios-tons da madrugada o transformou em "alma do outro mundo" e derrubou de medo o intrépido sentinela.

Dias depois, o preso foi mandado de volta a Uberlândia, livre. "Me libertaram por excesso de feiura", dizia ele sorrindo, ao despedir-se dos que ficavam.

6

Antes de completar um mês de prisão em Brasília, sou transferido para um quartel em Juiz de Fora, sede do Conselho de Guerra que nos iria julgar de acordo com a nova Lei de Segurança Nacional, recém em vigor. Num avião da FAB levaram todos os 23 prisioneiros e, na chegada, os oficiais do Exército que nos esperam na pista se espantam: nós tínhamos viajado sem algemas, escoltados apenas por seis militares armados de pistolas. Compensam a "imprudência de Brasília" amarrando-nos braços e pernas aos assentos de madeira dura de dois caminhões de transporte de tropas.

No 10º Regimento de Infantaria, alguns dias, e no 4º de Obuses, vários meses, fui tratado com austeridade mas correção, sempre separado dos demais prisioneiros. No dia em que os advogados Evaristo de Moraes Filho e George Tavares me visitaram, porém, senti o peso da vigilância. Um tenente postou-se acintosamente ao lado deles e Evaristo pôde apenas dizer, em voz baixa, que eu tivesse paciência. Eu estava impaciente e também os amigos mais próximos, como Roberto Macedo Siqueira, que, de Brasília, mandou me avisar que já tinha tudo pronto para a minha fuga: ele me enviaria o uniforme do pai, um general tão magro como eu e da minha altura, eu vestiria a farda e fugiria assim.

– Vestido de general? Mas como é que eu receberei a farda no quartel? – perguntei ao mensageiro.

Tenho facilidade para me rodear de problemas, mas também imensa sorte no infortúnio. Na época, os pedidos de habeas corpus eram engavetados na Justiça Militar e nunca chegavam ao Supremo Tribunal Federal em Brasília. O importante, portanto, era que o Superior Tribunal Militar julgasse o pedido de habeas corpus, mesmo contra, para negar. A organizada mobilização dos amigos levou os antagônicos a pressionarem a meu favor: por um lado, a Igreja Católica, por outro, a Maçonaria (e principalmente os maçons) fizeram com que o tribunal militar aceitasse julgar o habeas que quase ganhei, perdendo por um voto. Os problemas seguiam, porém. Aproximava-se o Natal e, como a redação final da decisão costumava demorar muitas semanas, ou até meses, o meu pedido de libertação encontraria Brasília em recesso e tudo se adiaria para só recomeçar em março ou abril do ano seguinte.

Mobilizou-se, então, a "arma secreta". O general Olympio Mourão Filho, iniciador e chefe militar do movimento golpista de 1964, sentia-se "traído" pelo governo e, afastado de qualquer comando, recebera como consolo a presidência do Superior Tribunal Militar. Mandar redigir a sentença em 30 minutos e fazer com que um ajudante de ordens levasse o documento num jipe militar ao aeroporto, e o entregasse à minha mulher para levar em mãos a Brasília, foi uma das formas que ele encontrou para vingar-se do sistema que o relegara a um plano inferior. O inimigo do meu inimigo fizera-se meu amigo. No dia seguinte, o pedido de reexame de habeas corpus era recebido no Supremo Tribunal.

A identidade dos contrários ia ainda mais longe: o intermediário da "vingança" era o redator dos discursos do general Mourão no tribunal, o ex-deputado Celso Brant, seu conterrâneo de Diamantina, que – por ser o autor da lei regulando a remessa de lucros das empresas estrangeiras – tinha sido cassado em 1964 no golpe que Mourão comandou mas não controlou.

7

O meu habeas corpus seria o primeiro a ser julgado pelo STF na vigência da nova Lei de Segurança Nacional e, portanto, não havia nenhum indício de tendência nem qualquer jurisprudência de apoio. Habilmente, os advogados Evaristo de Moraes Filho e George Tavares fizeram, então, um pedido meramente "técnico", com base num cochilo processual do severíssimo Conselho de Guerra de Juiz de Fora, que me mantinha em prisão preventiva sem jamais ter me ouvido. (Formados por oficiais de extrema-direita, os Conselhos de Guerra de Juiz de Fora e Recife eram conhecidos pela rigidez das invariáveis condenações e destoavam, inclusive, dos demais. Em Juiz de Fora, por exemplo, havia quase mil oficiais em condições de o integrar, mas o comando enviava à Auditoria Militar uma lista de apenas sessenta, escolhidos a dedo).

O plenário do Supremo estava repleto naquela tarde de dezembro e se acreditava que eu fosse ganhar por "escassa maioria". Quando o relator do habeas, o ministro Odalício Nogueira, um baiano nomeado para o STF pelos militares, aceitou a tese da "ilegalidade da prisão" e até a ampliou, houve burburinho e palmas na assistência. Conservador nas ideias políticas, Odalício pautava-se apenas pela lei como juiz correto e imparcial. Por unanimidade, onze votos a zero, o STF mandou me libertar. E a ordem se cumpriu.

Nos dias seguintes, os outros presos de Uberlândia pediram que o Supremo lhes estendesse "os efeitos" do meu habeas corpus. No Natal de 1967, alguns já estavam em liberdade e os demais, em março de 1968.

A história do Dr. Falcão tinha terminado. O cognome fortuito, porém, iria acompanhar-me ainda por muito tempo.

CAPÍTULO VIII
O ATENTADO

*...num regime de terror é impossível
distinguir não só a verdade da falsidade,
mas também a verdade da verdade.*

ALBERTO MORAVIA

1

A tortura – como a ameaça – não é uma invenção a esmo e, nela, não há qualquer acaso. É um sofisticado método de incriminação da vítima e nisso está a sua lógica e, por isso, se recorre a ela e é ela a deusa absoluta dos déspotas. Primeiro se tortura ou se ameaça. Depois se interroga. A lógica é precisamente esta: destruir o prisioneiro e tornar natural o medo. O interrogatório guiado pelo terror e pelo medo é que não tem lógica humana. O que se pode tirar de uma pessoa desfeita, sem ânimo, sem metas e sem mitos, que sentiu o gosto ou pressentiu o delírio da destruição ou da morte? O que se tira de um derrotado absoluto? Talvez algo de verdade, sim, mas muito mais a fantasia delirante sobre algum dado verdadeiro e isolado que não representa verdade alguma, muito menos uma revelação merecedora de investigação.

Em 1967, no quartel da Polícia do Exército em Brasília, os presos do grupo de Uberlândia levaram safanões, socos, bofetadas e empurrões, ficaram em celas solitárias, interrogados noites afora sob ameaça de "jamais verem a família", mas não receberam choques elétricos nem foram para o pau de arara. Bastou esse tipo de suplício – que, ironicamente, depois seria considerado leve – para que se quebrassem interiormente. Quando já não tinham o que contar do pouco que haviam feito em termos de "subversão da ordem", foram interrogados sobre as intenções. Perguntaram-lhes sobre os atentados. Mas que atentados, se eles não tinham cometido nenhum ato terrorista e eram, apenas, um grupo em fase de pré-organização? O inquiridor insistiu, argumentou que eles – adeptos da rebelião armada – deviam estar pensando, necessariamente, em bombas e atentados e começou a dar pistas sobre as intenções ou as fantasias do que eles poderiam ter feito se houvessem decidido fazer.

Os primeiros interrogados remexeram a memória e não encontraram indício ou sinal de atentado. "Pensem, pensem", repetia o major inquiridor.

2

A derrota tem momentos de enfado, de uma extrema fadiga em que o vencido obedece a tudo, como um autômato, até mesmo para se libertar do peso do fracasso. O prisioneiro político jamais se sente um culpado e é consciente de que não praticou nenhum crime, mas mesmo assim pode ser subjugado pelo jogo do inquisidor. Eram 21 os presos vindos de Uberlândia e, de tanto esmiuçar, num daqueles momentos em que o cansaço faz brotar os sonhos do inconsciente, um deles pensou, voltou a pensar e lembrou que eles tinham pensado, sim, tinham pensado num atentado. E contou que "dias antes da visita do marechal Costa e Silva a Uberlândia, tempos atrás, o fulano disse que se podia pôr uma bomba naquele pontilhão, na estrada do aeroporto ao centro da cidade, no exato momento em que o presidente passasse!".

Daí em diante, outro foi o curso do interrogatório. Cada preso foi inquirido sobre "a preparação do atentado". Todos negaram que houvessem armado ou sequer preparado um atentado a bomba com uma bomba que jamais existiu. Mas todos admitiam que, efetivamente, a ideia surgiu e que a comentaram durante quase uma reunião inteira. O "atentado" se resumira a essa simples conversa. Nem sequer a formulação de uma pré-intenção, só um devaneio.

Nenhum outro passo foi dado nem se fez nenhuma bomba, mas – para o inquérito – a evidência do ato de terror estava ali, "comprovada unanimemente" nos depoimentos dos 21 presos. O inquisidor arriscou ainda uma pergunta – "Por que não pediram que o Dr. Falcão lhes mandasse a bomba?" – e, pacientemente, explicaram que o Dr. Falcão estava longe, em Brasília, e que eles nem sequer pensaram nisso.

– Mas acha que o Dr. Falcão ajudaria? Acha que ele mandaria a bomba ou alguém que fabricasse a bomba?

Apesar da minuciosa insistência do major Zemo, a maioria disse não ter ideia do que poderia acontecer. Dois ou três, no entanto, exatamente os dirigentes do grupo de Uberlândia, aproveitaram a oportunidade para elogiar o Dr. Falcão, que sempre atendia o que lhe pediam. E tanta confiança tinham no que teria ocorrido se houvesse sucedido o que não aconteceu que – sem titubear – admitiram que, se pedissem, Brasília lhes teria enviado um instrutor e tudo o que fosse necessário para fabricar a bomba que despedaçaria o pontilhão no exato momento em que o carro presidencial por lá passasse. Entre perguntas e respostas, o inquiridor e os inquiridos intercambiaram, então, uma série de ideias delirantes sobre o mais adequado tipo de detonador. Uma bomba-relógio? Ou uma que explodisse sob o peso do carro num fio imperceptível? Ou então, melhor e mais prático, um detonador de controle remoto, acionado de longe, como aqueles do cinema?

Três semanas depois, ao concluir o inquérito em Brasília, o Exército difundiu um resumo das conclusões do coronel inquisidor-chefe sobre o "grupo terrorista de Uberlândia" e o detalhe tonitruante, publicado por toda a imprensa em todo o país e que ganhou o estardalhaço dos títulos, foi "a tentativa de atentado contra o presidente Costa e Silva".

Salientava-se, inclusive, que os indícios e provas testemunhais reunidos no inquérito não deixavam dúvidas de que "os terroristas tinham até a alternativa de uma sofisticada bomba a explodir por controle remoto" e que lhes seria provida pelo Dr. Falcão".

3

O delírio fora absoluto e total, nas duas pontas. Nos presos, na alucinação da derrota, ao admitir como normalidade tudo o que explique o fracasso, até a fantasia do que nem haviam pensado concretamente e menos ainda planejado. E nos inquisidores, no delírio eufórico do vitorioso, que pode transformar a suposição em verdade concreta e que tem direito a tudo inventar e em tudo sentir-se, irrebatível e inquestionável, transformando até a verdade que não é na verdade que é.

Agora, ao escrever tudo isto, lembro-me de Alexandre Soljenítsin narrando o libelo acusatório contra um velho comunista dissidente, preso político dos próprios comunistas na União Soviética, detido sob o pretexto de ter roubado "200 metros de material para costura", quando – em verdade – tinha se apropriado de um carretel de linha.

Mas não eram, por acaso, 200 metros de material de costura?

CAPÍTULO IX
RÉQUIEM PARA TRÊS

*No universo do revoltado, a morte exalta
a injustiça. Ela é o supremo abuso.*

ALBERT CAMUS

1

Só no início de 1968 fiquei sabendo dos detalhes, mas tudo ocorreu naquele dezembro de 67, quando eu ainda estava preso em Juiz de Fora, isolado, longe do mundo de espantalhos que vagavam desmobilizados pelo Brasil Central, sem saber ao certo por que eu caíra prisioneiro em agosto. As notícias que lhes chegavam pelo rádio eram lacônicas, mas, aos poucos, entenderam que nada tinha a ver com eles e foram concluindo os trabalhos de evacuação da área. Agora sim, com as quedas em Brasília – e não só porque Montevidéu desistira da dança –, eles tinham de desfazer-se de tudo rápido, dispersar-se. E, mais ainda, arranjar uma boa desculpa para aquela gente de lá que, no espaço de um relâmpago, ficava sozinha, sem eles.

Em outubro, Eros embrenhou-se pelo Pará e Maranhão (onde nascera) avisando a quem tinha de avisar. Voltou febril a Imperatriz. Tinha se prevenido tomando quinino e não temia a febre terçã, essa maleita braba do mato chão. Os tremores se acentuaram e Ivo, o comandante, mandou-o urgente a Brasília, direto à cidade-satélite de Taguatinga, onde a lojinha de eletrodomésticos de Eribaldo Santos Silva era um refúgio seguro. (Ninguém se animava a pôr os pés na capital após a minha prisão.) Durante três dias, um médico cobrou consultas para lhe receitar antibióticos, "pois aquilo era pulmão". Eros era um negrinho magro, alto, risonho, mas, agora, respirava com dificuldade e se agitava de tanta febre. No quarto dia,

Eribaldo não teve dúvidas de que era maleita, isso que os médicos chamam de malária.

Quando deu entrada com nome falso no Hospital Distrital de Brasília, o ex-fuzileiro naval Eros Nascimento já estava inconsciente. Ardia de malária. Na tarde seguinte, informaram que havia morrido. O corpo estava na geladeira "à espera dos parentes" e perguntaram pelos outros dados para a certidão de óbito. Eribaldo apavorou-se e não voltou ao hospital.

O cadáver ficou lá, sem nome e sem rastros.

2

O explosivo ano de 1968 começou luminoso: os socialistas democráticos assumiram o poder na Tchecoslováquia; a guerrilha vietnamita encurralou o exército norte-americano na "ofensiva do Tet"; o Maio Francês se estendeu em protestos estudantis mundo afora, multiplicou-se nas avenidas da Cidade do México e chegou às ruas do Rio e São Paulo, como se o Che Guevara, ressuscitado, respirasse pelos nossos pulmões.

Assisti a tudo isso de longe e de perto, na redação do jornal, no Rio, sem sair à rua. Na "passeata dos 100 mil" coordenei a edição especial que circulou antes do final da manifestação, já com as fotos e as palavras dos manifestantes. Eu me afastara da atividade política. Tinha voltado a ser apenas um jornalista, e, num desses dias de jornalismo intenso de junho de 68, o ex-sargento da FAB João Lucas Alves me procurou. Ele fora simpatizante do MNR e, naquele momento, organizava "comandos armados" com a Polop (Política Operária) e "uns trotskistas" de Minas. Iniciariam tudo com uma grande ação para a qual necessitavam de gente e armas: "Duas metralhadoras leves. Gente nós até temos", explicou.

Fulminante, a ação teria repercussão mundial: executar o capitão Gary Prado, comandante da patrulha que feriu e capturou o Che Guevara e, depois, o matou na Bolívia. Pelos sargentos da ativa, Lucas soubera que o capitão boliviano – junto com outros estrangeiros – cursava a Escola de Estado-Maior do Exército, na Praia Vermelha, e conhecia até o seu domicílio "pelos lados do Jardim Botânico". Fiquei perplexo, excitado e entusiasmado nos primeiros instantes, mas a ansiedade do ex-sargento me fez raciocinar e duvidar.

Levantei dúvidas táticas, nem sequer humanitárias. A execução de Gary Prado desencadearia uma repressão feroz e seletiva para a qual nenhum de nós estava preparado. "Saí da prisão há pouco, nossa gente está espalhada, não somos nada agora e seremos menos ainda com a repressão que virá", argumentei e ele me rebateu com minhas próprias palavras:

– Se não somos nada, eles nunca saberão que fomos nós!

– Não. Se não somos nada, eles investirão contra todos e chegarão até nós – retruquei.

Seguíamos nessa discussão dialética – tão ao gosto da época – quando ele se irritou com o que eu disse:

– Essa ação não leva a nada, só serve para puxar o saco dos cubanos!

– Você está desbundando. Virou covarde. Meta as metralhadoras naquele lugar, nós não precisamos de vocês! – exclamou João Lucas numa resposta cortante, quase a gritos. Nos despedimos sem nos dar a mão e nunca mais o vi.

Ao entardecer de 1º de julho de 1968, os ex-sargentos João Lucas e Severino Viana Colon aguardaram a chegada do capitão Gary Prado na Rua Engenheiro Alfredo Duarte, na Gávea. Viram quando ele desceu de uma caminhonete do Exército, se aproximaram e lhe dispararam dez tiros de revólver, à queima-roupa. Logo, agarraram a pasta de couro marrom do oficial, caída sobre a calçada, e escaparam num Fusca.

Ao abrirem a pasta, viram que tinham assassinado o major Edward Ernst Tito Otto Maximilian Von Westernhagen, do Exército da República Federal Alemã, que tinha um nome assim tão longo por descender da nobreza germânica. Era claro e alto como Gary Prado e cursava também a Escola de Estado-Maior no Rio, como ele. Mas não era ele, nem tinha capturado o Che Guevara nem executado um prisioneiro ferido.

Ao anoitecer, o chefe da seção policial do jornal vem à minha escrivaninha de chefe de reportagem e me informa: mataram um oficial alemão na Gávea, "um crime sem explicação". Só muitos anos depois relacionei um fato com o outro.*

A ansiedade tinha gerado o equívoco. E o equívoco engendrou um absurdo.

3

Naqueles dias de junho de 1968, o senador Krieger mandou que eu me cuidasse. Encontramo-nos por acaso quando ele saía do prédio do brigadeiro Eduardo Gomes, na Praia do Flamengo, perto do meu apartamento. Mais tarde, ele me contou o essencial, mas não tudo, nem aquelas minúcias do horror programado, que eu fui saber 22 anos depois, já quando o ódio se transformara em anistia, o exílio tinha terminado e eu estava de volta ao Brasil há muito.

O capitão Sérgio "Macaco" acompanhava o senador naquela tarde, mas eu nem saberia disso se ele próprio não recordasse o episódio nesse 1990 em que me contou tudo. Krieger explicou-lhe quem eu era, quando me despedi, e sussurrou: "Pobre, este é um dos primeiros que eles irão aniquilar".

"Eles" eram muita gente nas Forças Armadas, mas a cara visível foi o brigadeiro João Paulo Penido Burnier, chefe do gabinete do ministro da Aeronáutica, que montou um plano para incendiar o Rio e pôr a culpa "nos comunistas e seus asseclas" para logo "dar um banho de sangue".

"Vamos induzir a História, fazer uma nova Djacarta", dizia ele aquela tarde em que chamou o capitão Sérgio Miranda de Carvalho,

---

* Preso em Belo Horizonte no final de 1968 como um dos líderes do Colina (Comando de Libertação Nacional), João Lucas foi torturado e assassinado pela polícia mineira em março de 69, depois de lhe vazarem os olhos e lhe arrancarem as unhas. Nunca, porém, foi relacionado oficialmente pela polícia com o atentado da Gávea. Tampouco o ex-sargento Viana Colón, preso, torturado e "encontrado morto" em sua cela da Polícia do Exército da Vila Militar, no Rio, em abril de 1969.

o "Macaco", comandante do Parasar, para mandar que esse grupo de salvamento (e de elite) da FAB realizasse a operação. O Parasar tinha 30 toneladas de "plastique", o explosivo ideal para esse terror geral, e Burnier foi dizendo:

– Vocês começarão aplicando pequenas cargas nas lojas Sears, no Citibank, nos postos da Esso e da Texaco, na Embaixada dos Estados Unidos e em tudo que seja americano. Todo mundo vai pensar nos comunistas e vai ver que cada dia eles são mais ousados e perigosos. Num dia "X" chegaremos ao clímax da escalada dos subversivos e vocês destruirão com espoletas de retardo, simultaneamente, a adutora do Ribeirão das Lajes e o Gasômetro Novo-Rio com todos aqueles depósitos de inflamáveis que existem por lá...

No salão nobre do 11º andar do Ministério da Aeronáutica, o capitão Sérgio e seus 40 comandados ainda ouviram, atônitos, quando – para encerrar a conversa – Burnier perguntou quantas medalhas por bravura ele tinha.

– Quatro – respondeu o "Macaco", seco.

– Pois então – retrucou o brigadeiro –, a quinta eu é que vou te pregar no peito. Vocês ficam à espera no Campo dos Afonsos e quando der o clarão da direita vocês decolam de helicóptero e ainda vão salvar muita gente ali pelo Gasômetro e São Cristóvão e eu mesmo vou te condecorar.

O capitão perguntou "para que tudo isso"?

– Para um banho de sangue, para matar esses comunistas que vivem criando problema. Quem dos senhores é capaz de matar? Quem não se acostume a sentir o gosto de sangue não é bom militar nem patriota. E esse gosto de sangue nós temos de treinar executando os maus brasileiros! – respondeu o brigadeiro.

– Mas quem são os comunistas para o senhor? – indagou o capitão, e o brigadeiro deu uma gargalhada:

– Para simplificar, quem tenha profissão liberal: jornalistas, advogados, sociólogos, médicos, arquitetos, economistas et cetera, 90% são comunas.

Mais de duas décadas depois, quando o reencontrei, Sérgio "Macaco" ainda tremia ao recordar a reunião daquele 14 de junho de 1968 no ministério: "Os dois lados estavam armados e nós dispostos a tudo para rejeitar aquele absurdo. Depois que eu comecei a questioná-lo, Burnier se enfureceu e me berrava cuspindo. Completamente alucinado, disse que todas as ordens seriam verbais e para serem cumpridas 'com a maior falta de piedade' e sem comentários posteriores".

Sérgio "Macaco" contou tudo ao brigadeiro Eduardo Gomes*, que reuniu o "setor liberal" do governo para traçar uma estratégia a fim de impedir a execução do plano e conseguiu que fizessem um inquérito interno na Aeronáutica. No inquérito, Sérgio lembrou que a explosão do Gasômetro seria um ato "mais diabólico que o diabo" e explicou por que: "Não será uma explosão apenas local, pois a pressão no Gasômetro se mantém através das tubulações de gás das próprias residências. Se houver uma interrupção, vai entrar ar no conduto e haverá milhares de explosões pela cidade, e até ligando o botão de gás pode explodir o fogão".

A 2 de setembro de 1969, dois dias antes do sequestro do embaixador dos Estados Unidos no Rio, a Junta Militar governante puniu o capitão Sérgio "Macaco" com a exclusão sumária das Forças Armadas. Em 1990, quando conversamos no Rio, o câncer não lhe tirava a lucidez e ele continuava a denunciar "os paranoicos" que jamais permitiram sua reintegração à vida militar.

Em 1995, morreu de tristeza e angústia, sem ter sido reabilitado oficialmente.

---

* Herói do "tenentismo", duas vezes candidato à Presidência (1945 e 1950), Eduardo Gomes era um mito na Aeronáutica e uma espécie de reserva moral entre os liberais e nas Forças Armadas. Após encampar a denúncia do "Caso Parasar", no final de 1968 sofreu um estranho acidente de automóvel, que seus íntimos interpretaram, sempre, como um atentado por parte da extrema-direita militar.

CAPÍTULO X
AS VIDENTES

Qual será o destino eterno deste mundo rejeitado?

FRANÇOIS MAURIAC

1

Minha mãe, Olívia Freitas Tavares, sabia tudo de mim, até mesmo o que não sabia ou o que eu sempre lhe ocultei. Intuiu os amores da adolescência e as peripécias da juventude, mas jamais indagou nem castigou. Compreendeu. Aceitou pela compreensão, na intimidade absoluta do amor que nos tivemos sempre, mãe e filho.

Naqueles dois longos anos, de 1965 a 67, em que eu viajava clandestino de Brasília a Montevidéu, só minha mãe sabia de tudo e intuía tudo. Ninguém me reconhecia nos voos. Tomava um aviãozinho que ia de Brasília a São Paulo pousando pelo interior goiano e paulista, lotado de fazendeiros com chapéu de aba larga. Depois, num pequeno DC-3 (interiorano também e cheio de escalas) chegava a Porto Alegre ao anoitecer, com o aeroporto já vazio, sem ninguém conhecido. Ia direto ao apartamento da minha mãe e, horas depois, às 3 da madrugada seguinte, embarcava no ônibus que me largaria, ao meio-dia, na fronteira uruguaia. Minha mãe sabia para onde eu ia e com quem ia falar, mas, em dezenas de viagens idênticas, só me fez uma pergunta:

– Será que não há perigo?

Em agosto de 1967, quando o "Dr. Falcão" foi preso e houve um estardalhaço na imprensa, minha mulher estava doente, imóvel numa cadeira de rodas, e minha mãe saiu de Porto Alegre e foi a primeira pessoa a me visitar no quartel em Brasília. Ela quebrou a minha incomunicabilidade de prisioneiro, mas o encontro foi público, no gabinete do comandante, repleto de oficiais. Fazia frio e ela vestia um casacão de inverno, o que tornou mais cálido e demorado aqueles segundos de abraço apertado, em que ela me beijou as faces e me sussurrou ao ouvido, numa ordem:

– Não confessa nada. Nada!

Depois, sentamo-nos um frente ao outro e, antes de me dar a mão e sorrir, ela me encarou de novo, com os olhos fixos, para que eu não esquecesse o que me dissera. Mais do que todos ali, ela sabia e tinha certeza de que eu guardava segredos e me mandava não confessar. Nada, nada!

2

Eu te salvei, Ítala? Ou impedi que partisses e pusesses o fuzil ao ombro só porque Thiago é que te havia indicado, não eu? Até hoje não sei, em verdade, se você foi ou não treinar guerrilha em Cuba, ou se quando me convenço de que você foi daqueles que ficaram – não dos que foram e depois voltaram e morreram – toda a realidade é ficção, um teatro em que você reaparece em cena, como no palco ou na telinha da TV, como costuma acontecer.

Uma vez, muito muito antes, dançamos todos no Teatro de Equipe, em Porto Alegre. Depois, tu e Fernando se casaram, tinham cartazes de Cuba e bonequinhos guerrilheiros nas paredes do apartamento. Mais tarde, a geografia nos distanciou e fui te reencontrar em Montevidéu, entre os nomes daquela lista dos que iriam partir para o treinamento em Cuba. Eu já sabia que o treinamento era inócuo – e também iníquo – e por isto vetei o teu nome? Mas por que, então, tentei te substituir por um daqueles estudantes de Brasília, para os quais nunca conseguíamos vaga?

Eu soube sempre que Thiago era sedutor, a sua poesia varre sóis e luas até hoje. (No Chile, em 1962, ele e Neruda levaram tão a sério a intimidade com os astros que, literalmente, incendiaram o rosto e queimaram a língua bebendo estrelinhas de fogos de artifício, acesas dentro das próprias bocas.) O charmoso Thiago de Melo encantava também os homens, até mesmo para encantar as mulheres, e em Montevidéu convenceu o coronel Dagoberto, primeiro, e logo Brizola, de que elas – e não só ele – também deveriam ser guerrilheiras e, portanto, preparar-se. E isso significava tomar o fuzil, caminhar 40 quilômetros com a mochila de 15 quilos às costas, cruzar charcos e se enfiar na lama ou subir montanhas e faltar o ar, para – lá longe – aprender tudo de ataque e defesa. E depois? Depois voltar clandestino para o Brasil, trancar-se num apartamento em São Paulo, Rio, Bahia ou Recife à espera de seguir para a zona rural e, um dia, ser morto ao abrir a porta ou na parada de ônibus, numa emboscada do Esquadrão da Morte.

Quando vi a lista nas mãos do Dagoberto, explodi: "A Ítala, não!". Argumentei que valia incomensuravelmente mais tê-la junto à opinião pública com o prestígio de jovem atriz – que despontava firme e seguro naqueles dias – e que ela seria a grande combatente sendo uma propagandista da causa.

Esperneei por estar convencido disso, de que a utopia necessita de musas públicas? Ou foi tudo mero acaso, e tu não embarcarias, mesmo, naquela romântica aventura de treinar para heroína e, depois, como outros e outras, morrer como um cão faminto atropelado na estrada?

3

Eu ainda te chamava de Elenita e era aquele tempo em que, cada dia, nos despedíamos definitivamente para nos reunirmos no dia seguinte. Lisboa era a nossa casa e tu havias chegado com uma dupla dor aguda: teu filho pequenino e frágil havia ficado lá longe e intuías que Cristina e Titón – teus irmãos – não voltariam jamais e que os haviam levado para sempre da tua casa em Buenos Aires, tempos antes, naquele setembro de 1977, em plena ditadura na Argentina.

Andávamos sempre um ao lado do outro, juntos, mas te profetizavas abandonada, eu (e todos) fugindo mar afora. Era 1979, em Portugal só se falava da anistia no Brasil e os exilados brincavam de voltar, inventavam histórias, riam das fantasias sobre mágicas conquistas futuras na cama, na política, no amor ou no planeta Terra, enfim. Eu era um exilado.

Nessa visão do abandono, aquela amiga portuguesa levou-te pelos tugúrios do Largo do Rato e vocês encontraram a feiticeira angolana. Ela só falava quimbundo e houve que traduzir do quimbundo ao português, para que se entendesse em espanhol. Tu indagavas sobre teu filho pequeno, mas a feiticeira riu como ria tua irmã, logo como ria teu irmão e, depois, ajeitou os cabelos ralos como se fossem os cabelos longos de Cristina e aí tu, que só pensavas neles, perguntaste por eles. E ela balbuciou:
– Vejo água. Vejo mar. Em volta deles, só água, só mar!

Aquela negra-bruxa estava querendo dizer que teus irmãos estavam numa ilha, numa desolada prisão oceânica lá no sul antártico – pensaram todos, e começaram todos a buscar indícios para construir teorias. Passaram-se quase 20 anos para que a ilusão se apagasse e soubéssemos – comprovadamente – que a Marinha argentina atirava ao alto-mar os presos políticos sequestrados e que em volta dos corpos só havia água. E nas nossas almas, a tristeza afogada.

4

Foi um ardil, sim, mas as coisas são como são. O amor é o amor, mas pode também ser um simples ardor, uma cócega profunda no homem ou na mulher. Se o prazer é superficial, enjoativo como todas as coisas apenas superficiais, só depois é que se vai saber ou comprovar ou entender. Quem é capaz, portanto, de dizer que não houve prazer, que o calor não esteve ali todo tempo, nele e nela, naquele frio orgástico que eriça as peles? Quem é capaz?

Aquela moça loira de Bagé, olhos verdes, vivaz, bonita, sensual e inteligente, que seduziu o torturador no quartel da Polícia do Exército, no Rio, para salvar-se a si e salvar o namorado preso, não traiu o namorado nem se traiu a si mesma. Traiu apenas o torturador, dirão alguns, mas nem sequer o traiu: deu-lhe mais poder, multiplicou-lhe o orgasmo mórbido, fez que ele se sentisse senhor dos afagos e da maquininha de choque elétrico, mestre em deus e no diabo.

E assim, dando-lhe prazer e cada vez mais poder, tirando-o por instantes daquele mundo de horror em que ele sentia prazer, ela fez que o torturador traísse o mundo soturno do interrogatório e da tortura e cada vez tivesse mais prazer, pois cada vez se sentia mais poderoso. Tão poderoso que ele se punha acima da tortura e a poupava do horror. Ela nada tinha a ver com nada, mas merecia o horror porque o namorado que amava merecia o horror.

O teu namorado sabia muito sobre nós e sobre tudo – se ele falasse, tudo se desmoronaria – e todos sentiram-se aliviados quando o pouparam do pau de arara e do choque elétrico. Por tudo isso, muitos e muitos anos depois, quando te encontrei naquele avião, te estendi a mão e te saudei como uma rainha. E, mais do que nunca, Délia, entendi o teu sofrimento e amei a sensatez da tua loucura.

5

Fiquei dez anos e dois meses sem te ver, Isabela. Nos tempos finais do exílio, em Lisboa, olhava interrogante cada menina adolescente e me indagava como serias, como brilhariam os teus olhos e até onde te chegariam os longos cabelos caídos às costas. Tudo foi conflitivo entre nós. Ainda não tinhas 4 anos quando te vi pela última vez no quartel-prisão. Quando voltei do exílio e estavas no aeroporto, havia passado tanto tempo que já não cabias sob os meus braços e eras mais alta que eu nos teus 14 anos de mocinha que dançava balé. Eu nada sabia de ti. Só te conhecia na distância das fotografias, na letra das cartas das meninas de hoje, que quase não escrevem cartas. Só te conhecia na saudade.

Sentia saudade dos teus verbos, inventados na irrebatível lógica das crianças, naquelas vezes em que eu perguntava se sabias de tal ou qual coisa e me respondias:

– Eu sabo, sabo, sim!

Na memória trazia a tua voz, ainda guardada daqueles primeiros tempos do exílio, no México, quando telefonei para o Brasil e tu perguntaste:

– Por que você não vem me ver?

E eu, proibido de dizer a verdade que tu nem sequer entenderias, te respondi com uma mentira: "Tenho muito trabalho, não posso, tenho muito trabalho". Condenado a jamais voltar, o que eu tinha era medo, muito medo de que te escolhessem para a retaliação da vingança. Afinal, eles tinham me ameaçado e aquela cena do terceiro dia no choque elétrico me atropelou a memória anos a fio, a partir do instante em que o sargento gritou:

– Fala, fala, senão trago a tua filha, dou choque nela e depois fodo, fodo ela aqui na tua frente!

Ele ameaçava tocando-se os testículos e fazendo, com as mãos e o ventre, aquele gesto vulgar e obsceno de quem estupra. A caricatura do gesto foi tão forte e eu estava tão desfeito que acreditei que ele cumpriria a ameaça. Tu não tinhas feito ainda 4 anos, minha filha, e o horror me invadiu ainda mais forte que a dor do choque elétrico.

Tu tinhas nascido sob o signo político do horror. Naquele 27 de outubro de 1965, em Brasília, eu levava tua mãe para a maternidade quando soube que a polícia prendera meia dúzia de estudantes na Universidade. Em seguida, ouvi pelo rádio do automóvel a leitura do Ato Institucional nº 2, que, legalizando outra vez a perseguição e a vindita, rebaixava o regime à abjeção de uma ditadura. A tensão e o nervosismo invadiram as entranhas da tua mãe, então, e tu te enrolaste no cordão umbilical. Só não foste sufocada porque uma cesariana urgente te trouxe ao mundo.

Muito depois, estavas no Rio e tinhas 11 anos quando Camilo, nascido no exílio do México, foi te visitar e vocês se conheceram e souberam, por algumas horas, o que é ser irmãos, mesmo distantes. Eu continuava longe, mas me alegrei e sorri. Até hoje, porém, me habita o abismo de ter ficado dez anos e dois meses sem poder te ver, minha filha.

6

Talvez não saiba contar como minha mãe me contou. Afinal, ela viveu o que contou e eu apenas conto o que ela viveu:

Na manhã da quinta-feira 4 de setembro de 1969, no último dia da novena – aquele em que, após expiar as culpas, se pedem as graças –, minha mãe postou-se no altar da nave lateral, ajoelhou-se e rezou. Mas não rezou como sempre, e sim fundo, embriagada pelo que meditava, com uma devoção não a si nem apenas a Santa Teresinha, de quem era devota e para quem rezava e pedia graças.

– Rezava fora de mim, como se estivesse no céu, e achei que estava perturbada e louca! – contou-me minha mãe anos depois.

Devotada apenas a essa loucura de rezar e rezar, minha mãe não viu sequer que minha filhinha Isabela, na inocência dos seus 4 anos, passeava pelo altar-mor e brincava com Cristo na cruz, com Maria ou José e outros santos e santas, como se estivesse num pátio de bonecas. Por fim, pediu a graça, agradeceu e persignou-se. Ao levantar-se, viu a caixa de esmolas, chamou minha filha e deu-lhe uma cédula de 5 cruzeiros para que depositasse para o pão dos pobres da paróquia de Nossa Senhora da Glória.

Na tarde desse mesmo dia, o embaixador dos Estados Unidos é sequestrado em Botafogo, não muito longe dali, dessa igreja do Largo do Machado, no Rio. Na tarde do dia seguinte, a primeira mensagem do embaixador é deixada na caixa de esmolas da igreja de Nossa Senhora da Glória, ali mesmo no Largo do Machado, junto com a lista dos 15 presos políticos a serem libertados.

– E eu que pensei que estava perturbada e louca! – disse-me minha mãe anos depois, quando me visitou pela primeira vez no exílio, no México.

CAPÍTULO XI
Morrer em terra alheia

Da vez primeira em que me assassinaram
perdi um jeito de sorrir que eu tinha.

Mário Quintana

1

Nessa viagem ao ventre da tragédia, ainda não contei tudo. Nada disse da derradeira prisão, ou sequestro, em que eu fui o sequestrado no estrangeiro, em 1977, em pleno exílio. Nada contei do exílio em si, dos anos em que fui um fantasma, uma ilusão do que quisera ser. Sim, porque no exílio sonhamos mais do que vivemos. O que somos hoje continua a ser o que fomos ontem. Nos primeiros tempos no México, continuei a ser um especialista em revolução e luta armada e só mais tarde voltei a ter um dia a dia comum. Outros, noutros lugares, encorajados pelo ambiente ou limitados pelo país asilante, redigiam manifestos como quem come bananas, uma atrás da outra, com a voracidade de sentir sabores diferentes mas, de fato, igualmente iguais. Por mais diversa que fosse, a vida de todos era idêntica no exílio, sempre dominada pelo sonho. Nossa ilusão fundava-se num paradoxo: tínhamos deixado a alma no Brasil, mas lá não podíamos pôr os pés.

A obsessão da volta dominou os primeiros anos de exilado. Como toda obsessão, era enfermiça e estava prenhe de horror: eu queria voltar não para voltar mas para a vingança, "para torturar os meus torturadores", como me dizia em voz alta, alimentando com sons aquele patológico retorno impossível. A sala de torturas tinha me destruído tanto que eu havia assimilado a mentalidade dos torturadores.

Só deixei de pensar em vingança quando nasceu meu filho Camilo, em dezembro de 1971, no exílio mexicano. A partir dessa manhã de inverno no hemisfério norte, a necessidade de desforra ou vindita desapareceu ou morreu definitivamente e passei a sentir piedade dos meus torturadores. A enferma obstinação da volta evaporou-se também e o México passou a ser parte de mim mesmo, como se as minhas raízes por lá fossem anteriores a esse menino que, ao nascer ou por ter nascido, me libertava da patologia da vingança.

2

O México tinha sido, porém, o país imposto, aonde eu chegara sem escolha e, ademais, era terra distante, lá na América do Norte. Do Brasil, os mexicanos conheciam apenas alguns vestígios do futebol, em função do Mundial de 1970. Nada mais. Só alguns poucos recordavam que o presidente João Goulart lá estivera em 1962 e que o México recebera uma centena de exilados políticos brasileiros após o golpe militar de 1964.

O regime mexicano tinha uma cara visível – populista e nacionalista, com uma política externa independente – e outra oculta, mas não invisível, em que a corrupção e o controle da sociedade ou da vida política se revezavam nas prioridades dos governantes.* Aprendi muito no México em cinco anos mas em verdade aproveitei muito mais dos indígenas e da cultura nativa do passado ou do presente do que daquela gente urbana, que detestava os "gringos" norte-americanos mas queria copiar tim-tim por tim-tim o estilo de vida dos Estados Unidos.

Não foi nada disso, porém, que me fez trocar tudo por Buenos Aires, que eu conhecia e adorava há dezenas de anos: de fato, eu queria sentir-me perto do Brasil e Gláuber Rocha me convenceu de que o meu lugar era a Argentina. Exilado em Paris, Gláuber fora à Argentina em abril de 1974, antes que Héctor Cámpora assumisse a Presidência, na primeira eleição após um dos tantos golpes militares naquelas bandas, e, na volta, passou pelo México, onde me contou, maravilhado, o que soubera em Buenos Aires.

---

* O México foi o único país latino-americano que se negou a romper relações diplomáticas com Cuba nos anos 60, rejeitando as pressões dos Estados Unidos.

– Até o general Giap virá lá do Vietnã do Norte para a posse do Cámpora. Quem vai para o poder na Argentina é a esquerda peronista, é a nossa gente. Lá só se fala em socialismo-nacional! – dizia, projetando a sua euforia como a sequência de um filme em que o Santo Guerreiro vencesse o Dragão da Maldade.

Logo, Gláuber usou um argumento "definitivo":

– Você é gaúcho, adora chimarrão e churrasco e Buenos Aires tem tudo isto!

Naquele tempo eu ainda não era vegetariano e, em maio de 1973, com um passaporte mexicano passei pelo Peru e pelo Chile e, pouco depois da posse de Cámpora, cheguei a Buenos Aires e espiei o ambiente durante uma semana. Augusto Boal, que há anos vivia por lá e revolucionava o teatro argentino ainda desde antes da redemocratização, me animou a ficar. Voltei ao México, porém. A crise econômica fizera da Argentina um país sem emprego e só em outubro do ano seguinte, 1974, pude lá chegar definitivamente, como correspondente do jornal *Excelsior*, do México.

A situação, porém, já não era a que Gláuber descrevera ou a que eu mesmo espiara: Cámpora tinha renunciado para que Perón (seu líder, proscrito e exilado durante 17 anos) pudesse candidatar-se e ser eleito. Perón morreu, porém, no nono mês da Presidência e sua mulher, Isabelita, assumira como vice-presidenta e tudo era confuso e imprevisível, com o peronismo dividido entre esquerda e direita, uns matando os outros numa guerra mútua de assassinatos, atentados e bombas.

3

Em Buenos Aires reencontrei o presidente João Goulart, que eu não via desde o início de 1965. O próprio Perón o convidara para morar na Argentina e ele tinha trocado o exílio na aprazível e paralisada Montevidéu, capital do pequenino Uruguai, pela feérica e orgulhosa Buenos Aires, repleta de cafés, cinemas, teatros, livrarias e gente bem vestida nas ruas. Esse bulício disfarçava o medo pelos atentados ou sequestros políticos e funcionava como contraponto de uma violência incubada que, pouco depois, estourou como catástrofe pela Argentina inteira.

Tive intermináveis conversas com Jango nesses anos comuns em Buenos Aires, mas nunca falamos das suas razões ou pretextos para não resistir. Do seu governo ele guardava os afetos humanos, os nomes dos que lhe tinham sido fiéis ou próximos e também daqueles que o haviam abandonado. Não ia além dos nomes e, engraçado, não tinha ideia do significado político-histórico dele próprio. Um dia eu lhe comentei que me impressionava o caráter dinâmico do seu governo – o despertar das massas populares e das raízes culturais, os programas de reforma, a visão de desenvolvimento autônomo, soberania e independência nacional – e lembrei que, se as ideias do Paulo Freire sobre educação houvessem surgido no tempo de Juscelino, teriam sido soterradas pela visão de um desenvolvimentismo vesgo, na qual fabricar um liquidificador ou um automóvel era mais importante que formar um cidadão consciente, alfabetizado e integrado à sociedade.

– Tu achas, mesmo, que o meu governo foi isso? – perguntou-me incrédulo, como se eu houvesse ferido a sua humildade profunda com um elogio desmedido.

Talvez mais por inibição minha do que dele, nunca falamos sobre o golpe. Lembro que em 1975 Jânio de Freitas e sua mulher, a atriz Vera Gertel, visitaram Buenos Aires e eu quis levá-los ao escritório de Jango, próximo ao hotel. Rígido, Jânio negou-se a ir e cumprimentar alguém que "tinha capitulado sem oferecer resistência". Horas depois, no entanto, caminhando pela Rua Florida, casualmente encontramos Jango e consegui aproximá-los por alguns instantes. Na despedida, Vera me perguntou quem era. Para quem vinha do Brasil, ele estava irreconhecível, não só pelo cabelo branco e as rugas, mas principalmente por aquela conversa descontraída, humana e próxima, em que ele nem parecia um ex-presidente da República, um protagonista da História.

4

Em 1975, oito meses após chegar à Argentina, reatei definitivamente meus vínculos com o Brasil: passei a escrever para *O Estado de S.Paulo*, numa relação profissional que escandalizou o SNI, mas que foi o mais gratificante que conheci em termos humanos e jornalísticos em meus longos anos na imprensa, no Brasil ou no exterior. Para não criar problemas, assinava com o pseudônimo Júlio Delgado, em homenagem a Júlio de Mesquita Neto – que tivera a coragem de levar para o seu jornal um "banido", trocado pelo embaixador norte-americano –, e também porque redigi minha primeira nota, como correspondente do *Estadão*, em plena crise de uma doença que me deixara muito magro, "delgado".*

Na Argentina, fui um observador da violência alheia, mas não fiquei de fora dos seus efeitos. Tudo era tão direto e contundente, tão visível, que a violência dos outros contra os outros também passava a fazer alvo em nós, a afetar nossas vidas. Nem sequer os amigos que eu tinha no governo conseguiam atenuar a minha angústia. O principal deles, o secretário de Imprensa José Maria Villone, era um dos oráculos de Isabelita, a presidenta, mas se dizia que era conivente com os atentados que a direita peronista ou a própria polícia perpetravam contra a esquerda.

Num clima de insegurança e desconfiança generalizada, o terrível é que nos acostumamos com a violência quando a violência é alheia ou não nos sangra diretamente. E, assim, todos nós recebemos o golpe militar de extrema-direita de março de 1976 – que depôs Isabelita e colocou no poder a Junta Militar presidida pelo general Jorge Videla – como consequência natural e inevitável da própria insegurança e violência. Tudo coincidiu, ainda, com a minha separação matrimonial, ampliando o trauma.

Uma dezena de brasileiros tinham "desaparecido" ainda no tempo de Isabelita, mas fazíamos de conta que nada tinha a ver conosco. O grupo de refugiados políticos brasileiros em Buenos Aires – umas 40 pessoas – viveu o golpe militar com receio mas, sem passaporte e sem alternativa, acostumou-se ao medo e o incorporou ao dia a dia. Todas as manhãs, ao levantar-me, agradecia a Deus por me ter dado "outra noite com liberdade e com vida" em meio àquele caos

---

* Clóvis Rossi, que viajara à Argentina como enviado especial do *Estado*, na volta ao Brasil lembrou meu nome à direção do jornal.

furioso de repressão, horror e morte. No fundo, bem no fundo, o terrorismo do Estado argentino tinha se esquecido de nós, os refugiados brasileiros, e os novos sequestrados, "desaparecidos" ou assassinados não éramos nós. A morte não tinha chegado até nós.

No entanto, na tórrida manhã de dezembro de 1976 em que soubemos que Jango Goulart falecera na madrugada de um fulminante enfarte, na sua estância da província de Corrientes (onde, de fato, se escondia do terror seletivo de Buenos Aires), a consciência de que estávamos ali morrendo em terra alheia se apossou de todos nós.

5

Dedicado totalmente ao jornalismo, à tarde eu era o correspondente Júlio Delgado escrevendo em português para o *Estadão* e, ao anoitecer, me transformava em mim mesmo e redigia em espanhol um texto diferente para o *Excelsior*, do México. Um asilado é um homem livre mas limitado no ir e vir. Sem passaporte nem qualquer outro documento brasileiro, a cédula de identidade argentina (para estrangeiros) só nos permitia viajar ao Uruguai e lá estive meia dúzia de vezes. Em junho de 1976, passei o dia do meu aniversário em Montevidéu, cobrindo a derrubada do presidente Juan Bordaberry e entrevistando generais e soldados.

Aquele halo provinciano de Montevidéu, onde tudo era direto e pessoal, transmitia-me segurança e eu lá voltei várias vezes. Em maio de 1977, escrevi para o *Estadão* uma série de notas sobre a política e a economia uruguaia e um capitão naval, secretário de Imprensa da Presidência, frisou que me recebia "com muita alegria" porque eu pertencia a "um jornal de direita".

– Antes de receber um jornalista estrangeiro, o serviço secreto me informa se o jornal é de direita ou de esquerda – esclareceu o capitão.

Não adiantou que eu lhe dissesse que o *Estadão* era conservador em economia e liberal em política, mas não de direita.

– Não, não; é de direita, é um jornal da SIP, de Miami, nossos serviços secretos não falham! – retorquiu o capitão naval, como se ensinasse a missa ao padre.

6

Em julho de 1977, viajei a Montevidéu em missão humanitária, por ordem do *Excelsior*, para resolver a situação do correspondente local do jornal, um uruguaio, preso em função de um artigo considerado "ofensivo" pelo governo. Visitei o embaixador do México, além de jornalistas locais, e contratei um advogado. Na tarde do meu segundo dia em Montevidéu, o jornalista uruguaio foi solto e, à noite, me levou em seu próprio carro ao aeroporto para que eu retornasse a Buenos Aires no último voo. Habitualmente deserto, o aeroporto de Carrasco estava repleto e movimentado, tumultuado por uma fila imensa que emperrava a verificação de documentos naquela noite de 14 de julho de 1977. Senti uma sensação estranha e opressiva, mas ainda brinquei ao entrar na longa fila:

– É a comemoração da queda da Bastilha!

Devolvi meu cartão de entrada no Uruguai e, ficha de embarque na mão, caminhei pela pista em direção ao avião. Quase na escadinha, um "funcionário do aeroporto" me toca o ombro e pede que eu volte "para completar o cartão que está meio apagado". Volto, examinam meu documento argentino e dizem que "é falso". Penso que querem me assustar, para que eu me comporte bem como jornalista, e lhes explico que estão errados, sugerindo que avisem a polícia argentina para verificar a autenticidade na chegada, "pois, caso contrário, vou perder o avião".

– O avião acaba de sair! – responde um funcionário e só então percebo o que está ocorrendo. Percebo porém pela metade. Penso que estão me prendendo, mas não: estou sendo sequestrado. Levam-me a um automóvel estacionado na pista, tiram-me os óculos, me algemam e me vendam os olhos com uma espécie de toalha, com um nó forte na nuca.

– *Al piso, al piso!* – ordenam e me empurram ao chão traseiro do carro, que roda e roda sem parar, ante o silêncio absoluto dos quatro homens que me sequestram.

O mais alto deles estava à minha frente na fila de documentação do aeroporto e o outro, gorducho, atrás de mim, como se fossem passageiros do voo. Antes, me cercavam e, agora, descansam os pés sobre as minhas costas. A viagem demora e penso que me levam à fronteira com o Brasil, mas depois o automóvel para, o motorista se identifica – *"somos de aquí"* – e ouço o ruído de uma cancela ou portão que se abre. Segundos após, descem-me do carro e, como um cego, guiam-me pelos degraus de várias escadas numa casa. Pelo burburinho, noto que há muita gente, mas apenas uma pessoa fala e pergunta:

– Usted es Flávio Tavares?

Respondo que sim e ele acrescenta:

– *Quien entra aquí nunca más ve la luz del sol. Usted sabe qué significa esto?**

Era a sentença antecipada e eu respondo que sim, que sei o significado. De olhos vendados e algemado, nada vejo e não me movo, mas percebo tudo nesse ritual de frases breves, que concluem sempre com uma pergunta.

– Agora são 22h30 e faz mais de meia hora que você chegou com o avião a Buenos Aires. Sabe o que significa isto? – voltou a indagar.

Eles tinham feito o sequestro perfeito, o crime sem rastros nem autores: ao devolver o cartão de entrada no Uruguai, por mim assinado, eu tinha oficialmente saído de Montevidéu e, agora, já havia chegado a Buenos Aires, destino do voo. A partir daquele momento, eu tinha desaparecido no caos repressivo da Argentina. Era um "desaparecido" que jamais tornaria a ver a luz do sol.

7

Daí em diante, noite adentro, uma voragem caiu sobre mim. Sou interrogado sem cessar, dois ou três indagando ao mesmo tempo e eu, vendado, sem saber a quem responder primeiro, ouvia entre as perguntas uma advertência:

– Se essa venda cai e você vê a nossa cara, será executado de imediato!

---

* "Quem entra aqui nunca mais vê a luz do sol. Sabe o que significa isto?"

Eu lhes pedia, então, que apertassem mais aquela toalha-capuz que me cobria os olhos, que dessem um nó mais firme, e seguia respondendo. Incômoda no início, essa inesperada cegueira, aos poucos, foi me protegendo do medo e me deu condições de raciocinar. O medo passou a me dar força e com o medo enfrentei o medo, até que – depois de uma longa pausa – escutei a voz do chefe:

– Você vai ser executado!

Agarram-me pelo sobretudo, me empurram porta afora e num automóvel, como um pacote, levam-me a um lugar que, até hoje, me dá a sensação de ser próximo ao rio da Prata. Tiram-me do carro, ouço o ruído de automóveis, vozes, correrias e o barulho de armar e carregar pistolas, aquele "tlec-tlec" ritmado. As vozes crescem de tom, transformam-se em alarido e eu mal percebo o que gritam. Mandam que eu caminhe.

– Caminha, caminha para morrer caminhando!

Já estou fora do mundo, mas obedeço. Lentamente caminho e eles começam a disparar. Sinto as rajadas, o ar se desloca ao meu lado, como se as balas raspassem meu sobretudo grosso, suo na noite gelada e úmida, e cada vez caminho mais devagar. Diminuo o passo para não dar a impressão de estar fugindo e lembro que – num lampejo de segundos – raciocinei: "Quando mostrarem meu cadáver, vão ver que eu fui morto pelas costas". Cada vez a passo mais lento, pensei nos meus filhos e rezei o Padre-Nosso e a Ave-Maria com o convencimento de que estava morrendo ali. E morri. Morri dentro de mim mesmo.

Só estranhava que não sentia as balas nem o sangue escorrer e que os disparos não me alvejassem. Logo, me mandam parar, gritam e discutem – contra e a favor da execução. Aos empurrões, põem-me de novo no carro e outra vez me levam à casa para me interrogar. Fico ao relento, na madrugada gelada – sempre algemado e de olhos vendados, o corpo coberto pelo sobretudo. Não sei onde estou nem de que me acusam. Por fim, levam-me de novo à casa dos interrogatórios, voltam a perguntar-me banalidades e me condenam à morte outra vez:

– Da outra vez, você se salvou, mas agora não vai ter defesa!

Meu medo desapareceu. Senti, apenas, aquela profunda tristeza das despedidas. Pensei nos meus filhos e rezei pensando neles. Ou morri pensando neles, enquanto tudo se repetia exatamente igual à vez anterior: eu caminhei, eles dispararam, senti as balas e a morte. Agora, porém, para terminar com a farsa, em vez de discutirem, eles gargalharam. Em algumas horas, eu fora submetido a dois fuzilamentos simulados.

Simulados? Agora, mais de 20 anos depois, sei que tudo foi uma simulação porque estou vivo, mas, naquela madrugada de 15 de julho de 1977, eu fui executado em terra alheia e morri.

8

O exílio já não me protegia, ao contrário, era agora o meu acusador, e tudo recomeçava, mais traumático ainda que em 1969 no Rio. Nessa noite gelada do inverno de Montevidéu, o inesperado de tudo fez-me sofrer mais do que oito anos antes. No Brasil, estávamos em rebelião e a prisão e a tortura eram um risco calculado, ao qual nos expúnhamos. No Uruguai, porém, tudo era fortuito e insólito: eu atuara abertamente, à luz do dia e dentro da lei do próprio regime militar, unicamente para libertar um jornalista detido por uma banalidade.

Como entender tanta sanha? E a sanha apenas começava. Fazem-me mil perguntas. Indagam-me propositadamente sobre detalhes que eu não posso responder, sobre antigos asilados que até já voltaram ao Brasil. Com essas quinquilharias, me incriminam.

E devido a elas serei entregue ao governo brasileiro. "Amanhã virão buscá-lo", diz "o chefe", a única voz que dá ordens ou se dirige diretamente a mim. Logo, apalpam-me, revisam meus bolsos e no sobretudo encontram as únicas coisas que não poderiam encontrar: uma fita gravada em cassete e três folhas de papel manuscritas, com minha letra miúda. Na linguagem simplificada de jornalista, anotei ali o organograma da secretíssima "loja dos sete irmãos", a denominação dada no próprio Exército uruguaio ao grupo militar que controla o Organismo Central de Operaciones Antisubversivas

(Ocoa). Anotei os nomes dos dirigentes, a começar pelo general Aguerrondo e seu filho, um coronel promovido rapidamente na hierarquia militar por pertencer ao círculo do inferno.

Eu tinha anotado tudo na noite anterior, num jantar íntimo na residência do adido cultural da Embaixada do México, enquanto o outro convidado – um uruguaio calvo e corpulento – contava o que sabia. E esse homem sabia: descreveu os diferentes centros secretos de tortura do Ocoa – "uma casa amarela, dois pisos, janelas verdes na rua tal, número tal", outra "assim assim" noutro lugar – e minuciosamente contou quem torturava e quem fora morto pelos torturadores, o lugar e a data.

Essa casa onde eu estava vendado e algemado era, sem dúvida, uma das tantas descritas nas minhas anotações. O informante apresentou-se como Oscar. Era óbvio que não se chamava assim, mas eu não queria saber seu nome, e sim apenas ter certeza de que tudo nele era fidedigno. E isso me garantia o diplomata mexicano, conhecedor do mundo persecutório do Uruguai.

No dia seguinte ao jantar, na data em que eu deveria sair do Uruguai, o mexicano foi ao hotel despedir-se e me entregou uma fita cassete:

– Ouve isto em Buenos Aires. Vai te interessar! – me disse e eu nada mais lhe indaguei.

Quando os meus sequestradores da "loja dos sete irmãos" me perguntam o que contém aquela fita, eu não sei responder. Conto-lhes a verdade, até mesmo porque o adido cultural mexicano tem imunidades diplomáticas e não pode ser preso.* Trazem então um gravador e, com eles, ouço a fita: uma voz fanhosa lê a sentença de um tribunal militar uruguaio condenando a dois anos de prisão um capitão do Exército por ter denunciado ao comandante a tortura e morte de um prisioneiro político nas dependências do quartel.

---

* O adido cultural do México, Cuitláhuac Arroyo Parra, ajudou a dezenas de perseguidos políticos no Uruguai.

9

Nos bolsos do sobretudo eu carregava "segredos militares" e, daí em diante, tudo mudou. Na manhã seguinte, o Exército uruguaio enviou um emissário a Brasília para me oferecer ao governo brasileiro, "vivo ou morto", como quisessem. Era, porém, uma sexta-feira e em Brasília não havia ninguém para decidir. Na segunda e terça-feira, quando o Uruguai insistiu na oferenda, a notícia do meu "desaparecimento" já tinha chegado aos jornais no mundo inteiro, ocupando as primeiras páginas no Brasil, no México e nos Estados Unidos, onde a nova política de direitos humanos do presidente Jimmy Carter fustigava as ditaduras latino-americanas. Ademais, já começava a "pré-abertura" do governo Geisel e o Brasil respondeu que não me queria, nem vivo nem morto, pois eu era um "banido" proibido de voltar.

Ouvi quando "o chefe" se queixou e entendi que se referia a mim e ao Brasil:

– *No lo quieren allá. Ya verán cuando nos pidan algo!*

Esse "não o querem lá, já vão ver quando nos peçam alguma coisa" soou nítido na conversa do fim da tarde quando os "sete irmãos" se reuniam naquela casa (que devia ser pequena) para programar o que fariam comigo à noite. Vinham provavelmente dos quartéis, depois do expediente, e chegavam de banho tomado. Pelo olfato, eu reconhecia "o chefe" e sabia quando entrava na casa: ele usava um perfume forte e adocicado, que eu sentia nas narinas, de longe. Aos poucos, distingui também os seus passos no assoalho, mas logo mudaram-me a uma casa de piso de cerâmica, em que os sapatos não ecoavam, e o perfume passou a ser o único detalhe identificador.

Quando ele chegava, eu me angustiava e tremia só em saber que, em poucos minutos, teria à minha frente esse homem com poder total sobre a minha vida e a minha morte e que, agora, exigia que eu lhe dissesse quem era aquele "Oscar" que me havia contado tudo sobre a *logia de los siete hermanos*.

10

Vendado e algemado, eu comia, era interrogado, ia ao sanitário e dormia. E, pela manhã, vendado e algemado, eu tinha de recolher o colchão do solo, enrolá-lo e guardá-lo a um canto do salão imenso da segunda casa em que me trancafiaram. À noite, repetia a operação ao contrário.

Dependendo da boa vontade dos guardas, podia sentar-me numa cadeira e esperar pela chegada do "chefe" e sua equipe, ou caminhar seis passos e voltar, e me deleitava com isso. Notei que ao passar debaixo da lâmpada elétrica, fixando os olhos no chão, percebia uma réstia de luz e uma sombra se alternando no piso. Esse ir e vir me entretinha e me salvava do horror por um tempo, antes de recomeçarem os interrogatórios do "chefe", para saber quem era "Oscar"?

No 15º dia, ouço um ruído de correntes enquanto me tiram o sobretudo e o paletó e removem as algemas para as costas. Continuo vendado e só percebo que estou sendo içado por uma roldana – que pelas costas me agarra as algemas – quando meu corpo se eleva do solo. Suspendem-me apenas alguns centímetros, o suficiente para que eu paire no ar, e a minha tendência natural é tocar o piso com o bico do sapato: nisto consiste a sofisticação dessa tortura. À medida que eu tento tocar o solo, eles voltam a me suspender alguns centímetros e o corpo cai para a frente. Tudo se apoia nos braços estendidos para trás e que tentam – inutilmente – encontrar apoio na ponta do calçado que não consegue tocar o piso.

É o "colgamiento", ou "penduração", tortura profunda que não deixa marcas nem cicatrizes, mas destrói. No início, parece um brinquedo bobo. Aos poucos, porém, uma dormência nos braços se expande pelo corpo como uma gangrena seca, progressiva. Primeiro a mão, logo o braço esquerdo, depois o direito, mais adiante o ombro, tudo se gangrena, como milhões de agulhas picando tecido amortecido ou já morto.

Essa sensação de necrose só chega ao corpo. A mente continua lúcida. Não se perde o raciocínio – como no choque elétrico – e é aí que a "penduração" alcança o requinte: o preso sabe que está sendo destruído, que o corpo e as forças se esvaem, pouco a pouco E sente o impacto da morte, como eu senti, desfeito, sem forças para sequer rezar.

Não tenho ideia do tempo em que fiquei pendurado, talvez uma hora, mas me lembro que o rádio – sempre alto – transmitia um interminável programa de salsas caribenhas, de muitas horas e muito baile. De tempos em tempos, "o chefe" se aproximava e me perguntava quem era o "Oscar", eu respondia que não sabia e, logo, sentia o metal de um estetoscópio auscultando as batidas do coração. Na quarta ou quinta vez em que a operação se repete, o homem do estetoscópio grita "já, já" e me tiram rápido da roldana. O meu coração já não aguentava?

Caio ao chão e dois ou três me levantam e "o chefe" manda que eles me amparem e corram comigo, para me aquecer, de um lado a outro do salão comprido. Deve ser o mesmo lugar onde jogaram futebol no dia em que eu cheguei a esta segunda casa: eu era o goleiro e eles chutavam a bola sobre mim.

11

Após a "penduração", "o chefe" convenceu-se de que eu não sabia, mesmo, quem era "Oscar". (Para ele, meu informante só podia ser um alto oficial das Forças Armadas, que traía a farda ao denunciar o horror.) Permaneci sequestrado, porém, e fiquei assim – sempre vendado e algemado – durante 26 dias. Logo, tomei um banho (sem venda nem algemas) e fui levado a um juiz militar, um capitão da Marinha, que me informou que eu estava processado por "espionagem contra o Uruguai".

Pude falar ali, por cinco minutos, com um advogado uruguaio, contratado pela minha família, que me informou que no Brasil, no México "e em toda parte" – frisou com exagero – só se falava do meu "desaparecimento" e que um primo meu estava em Montevidéu também como advogado. Eu deixava de ser um "desaparecido".

Dois dias depois, fui removido para o Cárcere Central de Montevidéu, onde permaneci seis meses mais, em cela solitária, mas já como um preso. Nesse período, assisti a uma comovedora e inenarrável mobilização de solidariedade, iniciada pelos jornais *O Estado de S.Paulo* e *Excelsior*, e à qual se somou toda a imprensa brasileira e mexicana, a SIP, a OAB e a ABI, além de advogados, políticos, as Igrejas Católica e Luterana, a Federação Internacional dos Jornalistas e gente anônima, que só queria ajudar. O presidente Carter, dos EUA, e o papa Paulo VI intercederam ante o Uruguai pela minha libertação e o primeiro-ministro de Portugal, Mário Soares, ofereceu-me asilo, já que o terror na Argentina me impedia voltar a Buenos Aires.*

Em Londres, fui declarado "preso do ano" pela *Amnesty International* e a mobilização foi tanta que o próprio presidente Ernesto Geisel acabou pressionando pela minha libertação no Uruguai, ainda que – por ser um "banido" – eu não pudesse retornar ao Brasil.

No dia 25 de janeiro de 1978, embarquei em Montevidéu com destino a Lisboa, onde vivi até o final do ano seguinte, quando a Lei de Anistia me trouxe de volta ao Brasil.

---

* O advogado Décio Freitas, meu primo, foi a primeira pessoa a viajar ao Uruguai para desvendar meu "desaparecimento" e, depois, a me visitar no cárcere de Montevidéu. Logo, os advogados paulistas Ivo Galli, Gerson Mendonça Neto, Francisco Martins Jr. e Orlando Maluf Haddad levaram adiante a minha defesa e estiveram a meu lado nos dias de janeiro de 1978 em que, mesmo livre, eu não podia deixar o Uruguai. Na viagem a Lisboa, Júlio César Mesquita me acompanhou representando o *Estado de S.Paulo* e a SIP e, também, como amigo fraterno. Na mudança de avião, na escala em Buenos Aires rumo a Madri-Lisboa, Julinho Mesquita logrou impedir que eu ficasse detido na capital argentina, numa façanha que, por si só, seria outro livro.

CAPÍTULO XII
DE TUDO O QUE PASSOU

*Aos 20 anos se intuem as verdades
que a vida confirma depois.*

MARGUERITTE YOURCENAR

1

Agora que chego ao fim, pergunto-me o que me angustiou mais: ter vivido o que vivi ou ter rememorado, aqui, tudo o que quis esquecer?

Do que contei, tentei não tirar conclusões e preferi que a narrativa concluísse por si mesma, nessas histórias que não inventei e que foram tão só refeitas, cosidas no tempo e no espaço, numa fiação paciente e dolorosa. Vivida – não inventada –, essa história deixou marcas, cicatrizes, neuroses, patologias de alma e corpo, às vezes diagnosticáveis até no olhar das vítimas – uma mirada atormentada, medrosa e deslumbrada. Ou tímida, recolhida e encapsulada em si mesma.

Fomos vítimas da ditadura, sim, mas não só nós – os vitimados –, mas também eles, os construtores das vítimas. O batalhão triunfante nasceu com o medo e pelo medo. E, ao implantar o terror, com ele aterrorizou-se também. A sala de torturas decidiu o triunfo e a derrota numa guerra que, praticamente, não chegou à guerra e que, assim, despojada de beligerância e inchada de violência e horror, selou nossa destruição, mas desfez, também, todos os valores e princípios de convivência.

Assim, a tortura destruiu os torturados e aniquilou, também, os torturadores ao transformá-los de combatentes militares em verdugos, tornando-lhes o mundo incompreensível.

2

A um torturador não se pode exigir compreensão. Ele está feito para não entender. Não indaga como um juiz. Quebra, desmantela ossos, fende crânios. Esbofeteia. Nas orelhas, sobre os tímpanos, aplica "telefones" que nos levam à surdez momentânea, porque não lhe interessa que escutemos o que ele nos pergunta. Tudo é sadismo. No Rio, quando caíamos exaustos, a poucos passos da morte, o major se tranquilizava mandando nos reanimar. "Arruma este homem, que ele é valente", gritava, como se lhe importasse nossa vida.

Paradoxalmente, nossa vida era importante para ele. Só com um vivo ele podia continuar exercitando a sua tarefa. Por isso, no PIC havia um médico a postos, que me perguntava na cela – após a tortura – como eu me sentia. "Há dores, queimaduras ou cortes?" Anotava remédios, comprimidos inócuos ou pomadas anestésicas que, depois, o soldadinho da guarda – ou ele próprio, de avental branco – distribuía por entre as grades.

Essa situação de 1969 no quartel do Exército da Rua Barão de Mesquita, no Rio, repetiu-se com sofisticação no Uruguai em 1977. Nas casas clandestinas para onde me levou o Exército uruguaio, durante a tortura um médico me auscultava com o estetoscópio para observar o ritmo dos batimentos cardíacos e informar se podiam seguir ou deveriam interromper tudo.

No Rio ou em Montevidéu e em qualquer parte, esses médicos-monstros eram os únicos com poder sobre os torturadores. Os únicos com capacidade de ordenar que parassem. Nem sequer um general ousaria ordenar ao oficial torturador que terminasse com as torturas a um preso.

A tortura é o método de interrogatório usual das ditaduras e o fato de ser exercida por psicopatas sádicos não lhe tira a característica de instrumento para um determinado fim. Ao contrário: sempre se entrega a tarefa a um especialista com as melhores qualificações. Quem não reúna todas as condições não é o indicado. Na vida diária se procede assim. Nas catacumbas da tortura, também. O sadismo perverso não é visto como doença que inabilite um sargento, um oficial ou um policial para torturar. Ao contrário, é a credencial para torná-lo apto a torturar.

É uma condição inata – s*ine qua non* –, tal qual a um classificador de perfumes se exige olfato apurado.

3

E nós? Nós fomos vítimas da ditadura, sim, mas, também, vítimas de nós mesmos, da nossa pressa infantil e dos nossos dogmas, que não eram infalíveis mas inventados. Vítimas da apressada doação e da nossa ingênua generosidade, dessa rebeldia inata que não nos deixava passivos frente à mistificação. Vítimas do medo da sociedade por inteiro, ou – mais que tudo – vítimas da prostituição da política, ou vítimas do medo oportunista do emergente setor empresarial de negócios, que se serviu do Estado e se apoiou nos favores dos burocratas que mandavam no Estado para multiplicar a fortuna pessoal.

Vítimas, enfim, fomos todos nós desse medo geral que se apossou da nação, que transtornou cada qual e fez que praticamente todos enterrassem a cabeça na areia para não ver ao redor. Na parte que nos cabe, nos enfiamos na areia e nos cegamos, também, pensando que, assim, fugíamos desse medo geral.

4

De tudo o que passou ficou este namoro com a morte que me acompanha nos momentos mais esdrúxulos. Outros conheceram torturas mais duras do que eu, que não conheci "'a coroa de Cristo", nem "a latinha", nem fui sentado na "cadeira do dragão" (tampouco fui um preso dos tempos da Oban e do DOI-Codi, quando o terror se unificou), e – assim – sentiram a morte ainda mais de perto do que eu.

De onde me vem esse ardor de perigo, essa paixão pela morte que não morri? Por ser um sobrevivente? Ou, ao contrário, cultivei a morte, corri perigos que todos acharam absurdos, me expus onde nada exigia exposição, exatamente porque fui sempre um neurótico, comprometido com a morte ou, pelo menos, com o risco exacerbado e gratuito?

Terei namorado sempre a morte? Sem coragem para o suicídio – esta aflição dos adolescentes e jovens da minha geração no Sul do Brasil –, terei optado por esse caminho da luta armada, mesmo quase sem armas, porque isso disfarçava tudo, principalmente a falta de coragem para me matar em forma direta, desiludido de uma sociedade falsa e injusta ou (mais fútil e mais simples) deprimido pela frustração amorosa de jovem?

Ou sou o "nihilista" que sou, íntimo das mortes que sofri (e que safei), exatamente porque vi e senti tudo de perto e, mais que de perto e não só na retina, também nas entranhas? Ou está tudo na mente, na consciência, e este namoro, fruto da depressão crônica, é o que me restou da loucura de ser gente e não poder ser santo, muito menos deus? Ou foi tudo paranoia e só paranoia, como diria a psicanálise?

Ou, mais simples, tudo foi lúdica aventura, essa volúpia pelo perigo e pelo frio (que me seduz até hoje) e que a nossa entrega da juventude transformou na ilusão da utopia?

EPÍLOGO
O COMEÇO NO FIM

Cumpri contra o Destino o meu dever.
Inutilmente? Não, porque o cumpri.

FERNANDO PESSOA

Depois de tudo o que contei e das tantas perguntas que me fiz, falta indagar, agora, onde tudo começou?

Por que não pensar que o começo de tudo está naquela manhã fria e úmida de 5 de julho de 1961, em Punta del Este, no Uruguai, quando conheci Ernesto Che Guevara?

Eu era um jornalista e estava ali, ao seu lado, no palanque oficial do desfile que abria a Conferência Econômica e Social da OEA, ao ar livre da manhã nublada, quando ele levou à boca o inalador, apertou três vezes e respirou fundo. Eu podia ter fotografado o Che Guevara com aquele aparelho dos asmáticos, a boca entreaberta, quase sufocada, os olhos distantes, a respiração ofegante. Podia.

"O herói asmático", poderia ser o título do retrato, algo sensacional para um jornalista de 27 anos, como eu, que não era fotógrafo mas estava ali, com a máquina a tiracolo e já lhe havia feito uma dezena de fotos. Eu, no entanto, não estava em busca de um asmático e queria retratar esse homem de jaqueta verde-oliva, sem gravata, pelas palavras que dele ouvisse, em meio àqueles outros ministros, solenes, enfatiotados, de gravata e sapatos brilhantes.

Naquela manhã, a seu lado, eu poderia continuar a fotografá-lo. Naquele homem, porém, o que menos me interessava era a sua asma. E o que menos ele tinha a me contar era sobre a doença que o perseguia desde criança e que, agora, aos 33 anos, voltava num leve acesso sob os efeitos do inverno do Sul.

Durante 13 dias convivi com o Che nos intervalos da conferência. Duas vezes jantei ao seu lado no hotel modesto em que se hospedava. Perguntei-lhe muito e ouvi ainda mais. Conheci, então, um homem que não se extasiava com a vitória, e não confiava no poder, nem sequer no poder das balas. O importante para ele não era chegar ao poder, mas transformá-lo e criar "o homem novo", naquela nova visão de revolução permanente, em que o sacrifício e a austeridade individual levam à utopia amorosa da sociedade igualitária.

Nesses dias com Ernesto Che Guevara, eu não conheci apenas um comandante guerrilheiro ou um revolucionário, nem tão só um pensador que filosofava em torno do concreto. Conheci um rebelde capaz de renunciar a tudo e lutar no Congo, logo na Bolívia, para não se transformar em Cuba num burocrata da utopia.

Após 1964, nesses anos em que a política perdeu o conteúdo, a minha geração tentou ser fiel ao Che. Meu gesto rebelde talvez tenha começado com ele, ao vê-lo e senti-lo assim tão perto, concreto e humano, em carne e osso, à mercê dos meus olhos, ouvindo-lhe a voz. Com ele pode ter começado tudo, naqueles dias no Uruguai de 1961, quando – no íntimo – talvez eu tenha iniciado a viver a vida que depois vivi.

E – como numa daquelas ironias em que o Che era mestre – foi, também, nesse mesmo Uruguai que, 16 anos depois, fui sequestrado, fuzilado e morri. Ou comecei a morrer nas memórias desse esquecimento que quis contar aqui.

ANEXO 1

Poemas do Cárcere

Numa tarde (em uma só) no Cárcere Central de Montevidéu, num papel de pão escrevi três poemas, um em seguida ao outro. Era o dia 27 de novembro de 1977. Aí vão:

1

Poeminha filosófico

Hoje sou o que penso
que teria sido
se houvesse vivido o que pensei ser,
não o que fui.

    Hoje não estou preso
    nem derrotado, nem sozinho.
    Na minha parede não há grades
    e não há paredes no meu mundo.
    Hoje sou o que penso ser,
    não o que sou.

Sou um eu que não está comigo
nem mais pode ser eu,
porque não estando onde estou
vivo cheio de coisas
que não habitaram outrora
o que eu pensei de mim.

    Hoje penso que não penso nada do que penso
    nem do que busquei, engendrei,

desfiz, ultrajei, construí ou vivi.
A vida é geometria tangente
que me saúda nas margens,
sem pó nem suor,
só com a minha vontade
de que tudo houvesse acontecido
como nos sonhos pensados
ou nos ritmos passados do que não fiz.

Hoje penso que sou
nada do que quis,
somente tudo
do que agora penso.
Hoje penso que sou Fernando Pessoa
e que morri adulto e lúcido
em 1935, um ano depois de ter nascido.

(Cárcel Montevideo, 27-XI-1977)

2

Queixume
(A meus filhos Isabela e Camilo)

Do que não tive,
não perdi nada.
Nem amigos, liberdade,
nem amores,
ideias ou flores.
Nem a terna infância
de Isabela e Camilo,
nem o primeiro beijo, ao som do "rock",
ou a primeira face morta e fria
que me fez chorar.

    O que acontece é que,
    de tanto andar de lá pra cá,
    no ar e mar, a vento lento,
    extraviei um pouquinho de filosofia.
    Só disto me queixo:
    do extravio de filosofia.

(Cárcel Montevideo, 27-XI-1977)

3

DE PAI PARA FILHO
(A Camilo)

Teu avô era meu pai.
Pálido, claro e branco,
no caixão do necrotério
meu último beijo tocou-lhe
a testa fria sem eco nem dor
só o espanto da morte.

Sorte sem norte,
absorto o morto,
hirsuto o furto
que lhe fizera a vida,
outro em mim nascia.

Vinte e um anos depois, o fruto bruto:
tu foste a vida nova
a continuar aquela
que está na cova
e já não é nada nem é bela
nem lágrima nem água
nem terra.
Só mágoa
de que eu não seja avô de nada,
nem claro nem branco,
só pálido, longe e frio
como meu pai que me amou e sorriu.

(Cárcel Montevideo, 27-XI-1977)

ANEXO 2

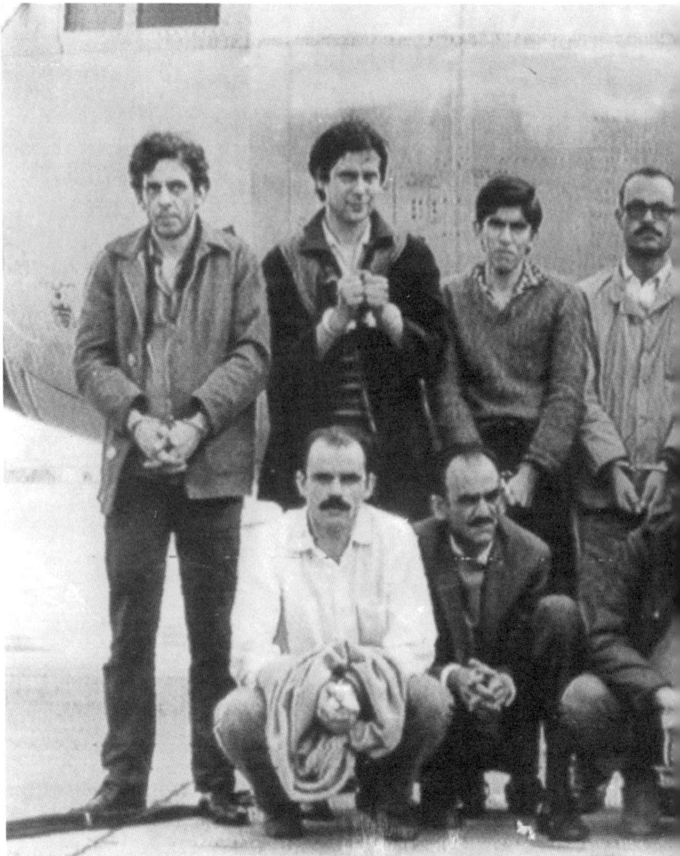

Rio de Janeiro, 6 de setembro de 1969

Nós, os 15 presos políticos trocados pelo embaixador dos EUA, somos 13 ao embarcar na Base Aérea do Galeão para a viagem de 26 horas, algemados, até o México. Estou agachado, à direita, de camisa listrada.

Foto oficial da FAB

O descobrimento
Punta del Este, 1961: na reunião da OEA, conheço Che Guevara e apalpo o mundo novo da utopia.

Tarso de Castro

Iconographia/SP

O desconhecido
A partir de 1964, os jovens conhecem a repressão que, logo, se alastra pelo país.

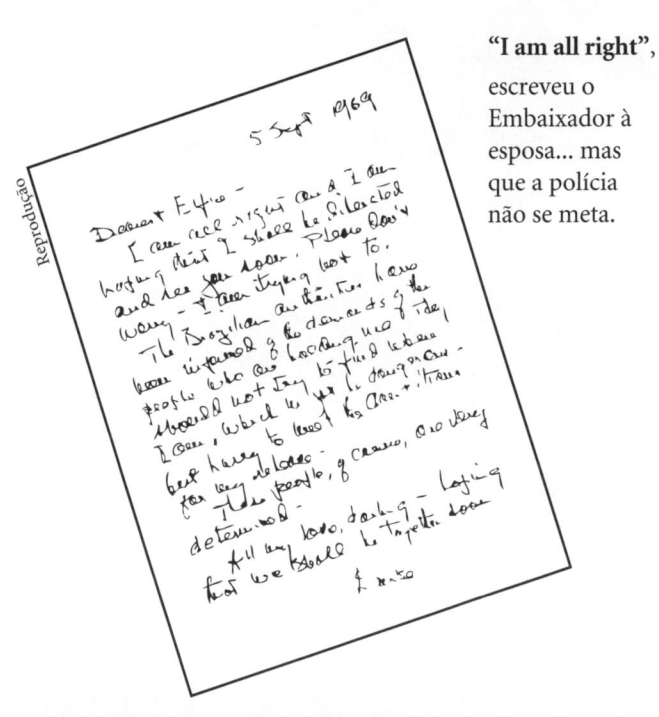

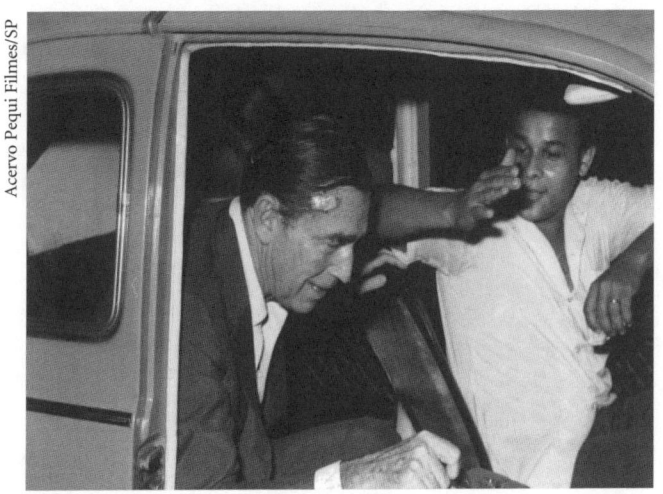

"I am all right", escreveu o Embaixador à esposa... mas que a polícia não se meta.

Happy End
Libertado, Elbrick volta à Embaixada num Fusquinha táxi.

Livres no México

Só ao chegar ao México nos retiram as algemas. E rodeamos Gregório Bezerra, o mais velho preso político do Brasil.

Presos no Brasil

Quatro captores de Elbrick são condenados pelo tribunal militar: Paulo de Tarso Venceslau, Antônio Freitas Silva, Cláudio Torres Silva e Manuel Cyrilo Oliveira.

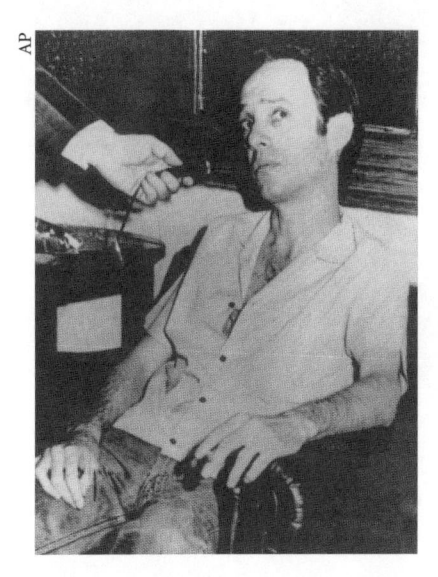

Em terra alheia
A pressão internacional obrigou o Uruguai a me apresentar à imprensa, doente na prisão, em 1977.

Olho nele!
A polícia me vigia até na tensa despedida, ao sair do Uruguai com meu filho.

Até breve, amigos
Expulso do Uruguai em 1978, os jornalistas brasileiros me levam ao aeroporto de Montevidéu, rumo a Lisboa.

Livre, de novo
Uma hora após chegar a Lisboa, com Júlio César Mesquita sou recebido pelo primeiro-ministro de Portugal, Mário Soares.

A volta por cima

No final de 1979, a anistia me traz de volta ao Brasil, entre sorrisos, abraços e o pranto da emoção.

Antonio Vargas

Dor na alegria
Na entrevista da chegada, minha mãe ouve pela primeira vez o relato de tortura na prisão.

Acervo Pequi Filmes/SP

Trinta anos depois
Em outubro de 1999, no lançamento da 1ª edição deste livro, reencontro no Rio o coronel Élber Mello Henriques, que em 1969 mandou suspender a tortura.